2

L m 172.

CATALOGUE

DES

GENTILSHOMMES

DE BRETAGNE

QUI ONT PRIS PART AUX ASSEMBLÉES DE LA NOBLESSE DE CETTE PROVINCE
EN 1746, EN 1764 ET EN 1789

Publié d'après les procès-verbaux officiels

PAR MM.

LOUIS DE LA ROQUE ET ÉDOUARD DE BARTHÉLEMY

PARIS

E. DENTU, LIBRAIRE
AU PALAIS-ROYAL

AUG. AUBRY, LIBRAIRE
16, RUE DAUPHINE

1865

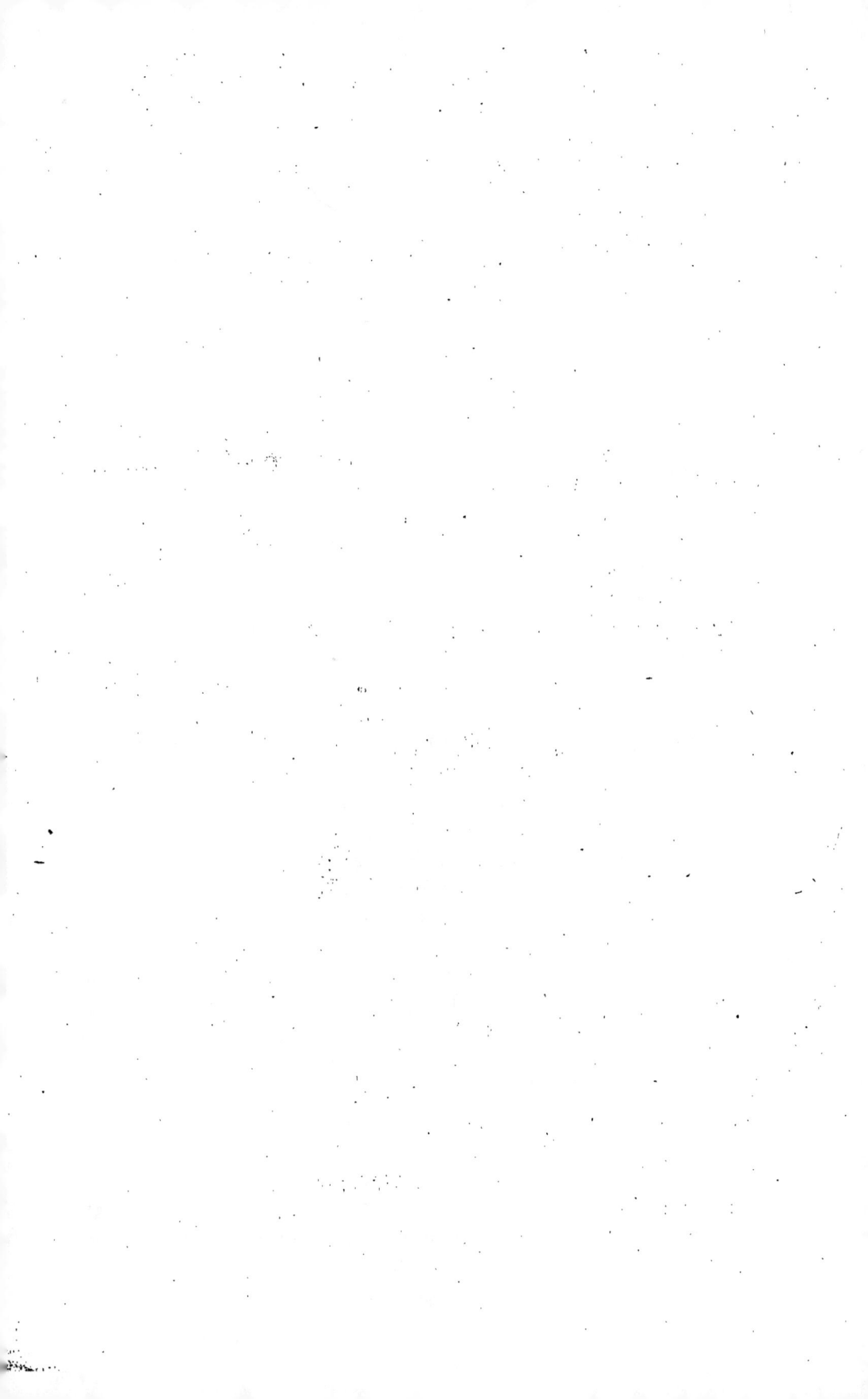

AVERTISSEMENT

La Bretagne, située à l'extrémité du nord-ouest de la France, connue des anciens sous le nom d'Armorique, était une des provinces les plus considérables du royaume; elle confinait à la Normandie, au Maine, à l'Anjou et au Poitou, et correspond aujourd'hui aux cinq départements d'Ille-et-Vilaine, de la Loire-Inférieure, des Côtes-du-Nord, du Morbihan et du Finistère. Elle était anciennement gouvernée par des princes qui exerçaient un pouvoir presque souverain (1). Dans la hiérarchie féodale ces princes relevaient à foi et hommage de la couronne de France; les appellations de leurs juges étaient portées au Parlement de Paris. Depuis Henri II toutes les juridictions de la province ressortissaient au Parlement de Bretagne dont le siège fut établi à Rennes en 1553. La Cour des comptes siégeait à Nantes; son institution remontait au temps des ducs de Bretagne.

Cette province avait été érigée en duché-pairie par Philippe le Bel, en faveur de Jean, petit-fils de Pierre de Dreux, de la maison royale de France. La postérité masculine de cette lignée s'éteignit en 1488 dans la personne de François II, dernier duc de Bretagne. Sa fille unique la duchesse Anne, dont le nom est resté si populaire et le souvenir si vénéré en ce pays, épousa Charles VIII en 1491, puis veuve et sans enfants elle se remaria avec Louis XII en 1499. De cette seconde union elle laissa deux filles, dont l'aînée Claude épousa François Ier et réunit définitivement par son mariage la Bretagne à la couronne de France.

Malgré cette réunion, la Bretagne conserva jusqu'en 1789 des franchises particulières qui avaient été stipulées dans le contrat de mariage de la duchesse Anne, et les membres du Parlement

---

(1) Les armes de Bretagne étaient : « D'hermine plein. »

en prenant possession de leur charge faisaient le serment de n'admettre aucun changement au *droit public de la nation bretonne*, sans le consentement des Etats. La constitution des Etats de Bretagne donnait, comme celle des Etats de Languedoc, droit de représentation aux trois ordres, avec cette différence qu'ils délibéraient chacun dans leur chambre particulière, et votaient par ordre, tandis qu'en Languedoc la délibération avait lieu en commun et le vote par tête. Ce qui formait le caractère distinctif de la constitution des Etats de Bretagne, c'est que tous les gentilshommes âgés de vingt-cinq ans, et pouvant prouver cent ans de noblesse, avaient droit d'entrée et de vote dans la chambre de leur ordre. On en comptait plus de treize cents dont la moitié environ se rendait aux Etats qui se tenaient tous les deux ans à Rennes ou à Nantes. Nous donnons la composition des Etats en 1746 et 1764.

L'unité de législation et la réforme des juridictions tentées par Louis XVI dans les célèbres édits de 1788, qui occasionnèrent une résistance si vive de la part des Parlements, provoquèrent des soulèvements en Bretagne dans lesquels la noblesse prit parti pour le Parlement et pour ses franchises menacées. Le gouvernement crut devoir suspendre la session des Etats réunis à Rennes le 29 décembre 1788. Cette mesure violente donna prétexte aux scènes les plus regrettables dans la ville de Rennes. Convoquée extraordinairement à Saint-Brieuc, la noblesse de Bretagne protesta énergiquement contre la violation de ses droits et refusa de députer aux Etats généraux du royaume. On trouvera plus loin le texte de cette protestation avec la liste des signataires, qui tient lieu de procès-verbal et donne l'état de la noblesse bretonne en 1789.

Paris, 25 août 1865.

CATALOGUE

DES

GENTILSHOMMES DE BRETAGNE

ÉTATS GÉNÉRAUX DE BRETAGNE

*Liste contenant les noms de Nosseigneurs des Etats de Bretagne
tenus à Rennes (1).*

1746.

NOBLESSE.

S. A. S. Mgr le duc de Penthièvre, gouverneur de la province.
Le duc de Rohan, prince, comte et baron de Léon, président.

D'Andigné ou Dandigné.
D'Argentré ou Dargentré, oncle.
D'Argentré (Dargentré).
Le chevalier Dargentré.
Aulnette de la Feuillée.
De Barberé.
De Baud de Kermain.
Henry de Beauchamp.
Le comte de Beaucourt.
De Beaulieu.
Ermar de Beaurepaire.

---

(1) Imprimé à Rennes chez Joseph Vatar, imprimeur ordinaire des Etats, place de Palais, 1746. — Communiqué par M. de Branges.

Le chevalier de Beauvais.
De Beauvais.
De Bédée de la Boëtardais.
Bédée de la Bouetardaye, père.
De Bégasson.
De Bégasson fils.
De Bénazé.
Bernard de Kergré.
Berthelot de Saint-Islan.
Bigot de Morogues.
De Biré.
De Biré.
Bizien du Lézard.
Bizien, vicomte du Lézard.
Le comte de Blaison.
Blanchard, marquis de la Musse.
Le chevalier de Blossac.
Le comte de Boberil.
Boberil de Cherville.
Le chevalier de Bocozel.
De Bohal.
Du Bois de la Féronière.
Boisadam.
De Boisbaudry.
De Boisbaudry.
Du Bois-Berthelot.
De Boischâteau.
De Boischâteau, lieutenant de vaisseau, chevalier de Saint-Louis.
Du Boisgelin.
Boisgelin de Kerdu.
De Bonamour de Visdelou.
Du Boisgueheneuc.
De Boishamon fils.
Le chevalier du Boishamon.
Boishamon, père et fils.
De Boishardy.
Boismorin Ragon.
Du Boispéan.
Du Boisteilleul.
De Boisteilleul.
Boquien de la Villeneuve.
Du Boscq de Quemby.
Du Bot, capitaine de cavalerie.
Du Bot de Grego.
Du Bot de la Grignonais.
Du Bot de Lanyon.
De Botcouart.
Botrel de Mouilmuse.
Du Bouays de la Blaire.
Du Bouays de la Ville Philis.

Du Bouëxic.
Du Bouexic de Campel.
Du Bouexic-Favigot.
Bouexic de Guichen.
De Bouilli de la Morandais.
Du Bourblanc.
De Bourblanc d'Apreville.
De Bourigan Dupé Dorvault.
Boussineau.
Du Breil Housloux.
Du Breil de la Herpedais.
Du Breil de la Monneraye.
Le comte de Brilhac.
De Bruc des Barres.
De Bruc de Sausay.
De Bruc de Beauvais.
De Bruc du Cleray.
De Bruc de Friguel.
De Bruillac Kes.
Bruillac de la Villeneuve.
De Brunes de Montlouet.
Brunet de Hoc.
Busnel de Montoray.
Busnel de la Touche.
Le comte de Cadolan.
Le comte de Calan.
De Calloët.
De Calloët de Tregomar.
De Caradeuc.
De Cardelain
Le comte de Carné.
De Carné
Carterie Simon.
De Castan père et fils.
De Castel père et fils.
Castellan.
Castellan fils.
Le chevalier de Castellan.
Du Celier de la Souchais.
Du Celier.
Du Chaffault.
De Champeaux.
De Champeaux.
Le chevalier de Champsavoy.
De Champsavoy, capitaine de dragons.
Charette, sieur de Beaulieu.
Charette de la Gacherie.
Charette de la Colinière.
Le chevalier Charette.
Du Chastelier Margaro.

Le chevalier du Chastelier.
Le chevalier du Chastelier, capitaine au régt de Médoc.
De Chateaucroc.
Le comte de Chateaugal.
De Chateauletard.
Du Chatel, père et fils.
Chaton de Ranléon.
De Cherville de Boberil.
De Chesvigien.
De Chevigné.
De Chevigné du Bois de Chollet.
Chomart des Brestins.
Chomart des Marais.
Le comte de Cintré.
Le chevalier de Cintré.
Du Clos Bossart.
Le comte de Coëtivy.
Du Coëtlosquet des Isles.
Le chevalier de Coëtloury.
Le marquis de Coëtmen.
De Coiput.
Collas d'Erbrée du Tertrebaron.
De Collibeaux de Létang.
De Cornullier du Vernay.
Cosnier de la Botinière.
De Couaridouc, père et fils.
De Couasnon de la Lenseusse.
Le chevalier de Couasnon.
Le chevalier de Couë.
Le chevalier de Couë.
Couëssin de la Berays.
Couëssin de Kgal.
Couëssin de Khaude.
Couëssin de Khaude fils.
De Couetpeur.
De Couetus.
Couvey.
De Coysal.
De Craon-Lambert.
Cramezel de Khuet.
De Crenan.
Le chevalier de Crenan Perrien.
Decombles-Denaguez (de Combles).
Deno du Paty.
Dernihel Maudet.
Le comte de Derval.
Desceaux (de Sceaux).
Descougnetz de la Villeraut (des Cognetz).
Despinose.
Dessales de Coudray.

Des Salles de la Goublaye.
Desvaiche.
Le chevalier du Dettay.
Dibart.
Doudart-Deshayes.
Drouet du Boisglaume.
Dubart.
Dubois-Berrenger.
Dubreil-Monneraye (du Breil).
Duclos–Bossart (du Clos-Bossart).
Dumenis.
Duplessis Robinault.
Duportal du Roché.
Dutefay.
Le chevalier Espivent.
Fabroni de la Garoulaye.
Du Faouedic Dondel.
Farcy de la Vildubas.
De Fleurimont.
Fleuriot.
De Fontelebon.
Le chevalier de Fontelebon.
De Forges.
De Forges.
De Forsanz du Houx.
De Forsanz du Houx.
De Forsanz de Lecadeu.
De Forsanz de la Morinière.
Mrs du Fou frères.
Fournier de Peilan.
Frain de la Tendrais.
De France père.
De France de Coëtcautel.
Freslon.
Des Fresnais de Kel.
Garçon de Prehudno.
Garel de la Bisais.
Garnier de la Vilebraist.
Le chevalier Gault du Bay.
De Gazon.
De Gennes, avocat des Etats.
Gibon de Quérisouet.
Gillot de Croyal.
Le vicomte de Goesbriand.
De Gourcuff de Tremenec.
De Gourden de Krez.
Gouro de Pommery.
Gouvello de Kerantré.
Gouvello Rosmeno.
De Gouyon.

Le marquis de Gouyon-Launay-Commats.
Gouyon de Coipel.
Gouyon de Thaumats
Gouyon, écuyer de S. A. S. Madame la duchesse de Penthièvre.
Le chevalier de Gouyon, capitaine de cavalerie.
De Gouyqurt de Bocozel.
Le comte de Grenedan.
De Grenedan, officier aux gardes.
Grignart de la Hunaudière.
Gueheneuc de Saint-Léger fils.
Gueheneuc de Saint-Léger.
Guérin de la Grasserie, père et fils.
Guet de Charie.
Guillermo de Condé.
Du Guiller Brunet.
Le chevalier du Guillier.
Guitton de Sourville.
Guyet.
De Guynement de Keralio.
Du Haffont de Lestrediagat.
Du Haindreuff.
Le comte du Han, père et fils.
Claude Harscouët.
Hay de Bonteville.
Le chevalier Hersart.
Hingant de la Tremblaye.
Du Hourmelin.
Hubert de la Hayrie.
Hubert de la Massue.
Iout.
Le comte de Jasson.
De Keranguen.
Le chevalier de Kératry.
De Kerbolle-Hersart.
De Kercabutz-Soursac.
Le chevalier de Kerdavy.
Kerdavy.
De Kerdour.
De Kerdu du Boisgelin.
De Kergomar du Boisgelin de Kerdu, '
Kergomar du Boisgelin.
De Kergris.
De Kerguisé le Sénéchal, lieutenant des maréchaux de France.
Le comte de Kerivon.
Le marquis de Kerlerec.
De Kermadec du Montoir.
Kermarec de Traurout.
Kermel.
De Kermellec.
De Kermeno.

De Kernier.

De Kerouan Mahé.

De Kerret Coatlus.

Le chevalier de Kerrogand, capitaine au régt de Kermellec.

De Kersauson.

De Kersauson.

De Kersauson Goasmelquin.

Le comte de Kersauson.

Kertanguy-Tavignon.

De Kerusan.

De Keruzoret, lieutenant de vaisseau.

De Kerversault-Gorgian.

De Kervion.

De la Barre.

Le comte de la Bédoyère.

Le vicomte de la Bédoyère.

Le chevalier de la Bédoyère.

De la Bégassière, capitaine au régt du Roi.

De la Belinaye.

De la Billiays le Loup.

De la Bouessière de la Mettrie.

De la Bouexière de la Villetanet.

Le chevalier de la Boulays-Gouro.

De la Bourdonnaye Boyris.

Le comte de la Bretonnière, gouverneur de Dinan.

De la Celle de Chateaubourg.

De la Chambre de Vauborel.

De la Chapelle.

De la Chapelle de Kcointe.

De la Chevrière.

De la Chevrière fils.

De la Chevrière du Pontlouet.

De la Chouë.

La Chouë.

De la Choue de la Longrais.

La Choue de Villèdes.

Le chevalier de la Clochais.

De la Cornillère père.

De la Cornillère fils.

De la Courpean.

Le chevalier de la Courpean.

Le vicomte de la Crochais.

De la Driennais.

De la Faré.

De la Fossedavid.

De la Freslonière-Freslon.

De la Gontraye de la Haye.

De la Goublaye du Perray.

De la Guerande de la Ville-Collen.

De la Guerre.

Le chevalier de la Haye.
De la Haye Dandouillé.
De la Haye de Laubriaye.
De la Horlaye.
De la Houssaye.
De la Houssaye-Urvoy.
De la Hautière-Iout.
De la Landelle de la Musse.
De la Landelle
De la Landelle de Roscanvec.
Le chevalier de la Landelle et son neveu.
De la Massue de la Haye.
De la Milliaye Lezot.
De la Monneraye du Rocher.
De la Motte Geffrard.
De la Motte de Vauvert.
De la Motte du Portal.
De la Motte Morel.
De la Motte Villebrune.
Le chevalier de la Motte Villebrune.
De la Motte Prevotais.
De la Motte Basse, père et fils.
De la Ribaudière.
De la Rouërie.
De la Saudraye Louail.
De la Souallaye du Valcheux.
De la Touche Beaulieu.
De la Touche Porman.
De la Touche le Provost.
De la Touraudaye Prevost.
De la Tremblais Hingant.
De la Tremblays Mellet.
De la Trochardais le Roy.
De la Vallette du Fougeray.
Le chevalier de la Vilder.
De la Villecoleu.
De la Villée-Bonnet Espivent (de la Villeboisnet).
De la Villegautier.
De la Villegautier de la Sablière.
De la Ville-Helleu Normant.
De la Villegontier de la Jalesne.
De la Villeloays de la Villean.
De la Villeloays.
De la Villéon.
De la Villéon-Villevalio.
De la Villesbrune.
De la Villesolon.
Le comte de la Villetehart.
Le Bel de Lesnen.
Le Borgne de Kerveden.

Le Chauff de la Motte.
Le Chauff de la Berrangerais.
Le Denays de Quemadeuc.
Le Fruglays.
Le Gac de Lansalut de Kerhervé.
Le Gac de Lansalut de Tressigny.
Le Gonidec de Perlan.
Le Maignan de l'Ecorce.
Le Maignan de Lecorse.
Le Melorel.
Le Metaer de la Villebague.
Le Metaer de Canoual.
Le Metayer de Henon.
Le Métayer de Kerdaniel.
Le Mintier.
Le Mintier de Lehelec.
Le Mintier du Quenhouet.
Le Moenne de Launay.
Le Moine de la Tour des Ormeaux.
Le Moyne de Kerdref, chevalier de Saint-Louis, major général garde
    côte.
Le Picart.
Le Provost de la Voltais.
Le Royer de la Poignardière.
Le Valois de Sereac.
Le Veneur de Kerlivio.
Le Veneur de Beauvais.
Le Voyer de la Vallée et du Vauferrier.
Le Voyer de la Billays.
Le Voyer de Valroy.
Lambert du Boisjan.
Lamotte Geffrard (de la Motte).
Lamour de Lanjegu.
Lamour de Caslou.
Le comte de Landal.
Le chevalier des Landes.
Des Landes.
Langan de Boisfévrier.
Le comte de Langle.
De Langle.
De Langle Fleuriot.
De Languollien.
De Langourla.
De Lantivy Bernard.
Larcher de la Touraille.
De Largentais père.
De Largentais fils.
De Laumonne, capitaine au bataillon de Rennes.
Le chevalier de Laumone.
De Launay de la Brochardière.

De Launay-Commats.

De Launay-Guerif.

De Lauviou.

De Lauzanne.

De Legge.

Lehen de Tremereuc.

De Lemperière du Dézert.

De Lenidi-Beauvais.

De Léon, père et fils.

De Lescouët.

Le chevalier de Lescouët, enseigne de vaisseau.

Le marquis de Lescouët.

De Lescouët Rouxel, frères.

De Lespinay.

De Lespinay Villegillouard, capitaine au régt de Vezin.

De Lesormel de Keraudren.

Du Lestier.

De l'Estourbeillon.

Le chevalier de l'Estourbeillon.

De Lestreagat.

Du Lézard.

Le chevalier du Lézard.

De Lhopital-Glé.

Loaïsel de la Villedeneu.

De Lorgeril.

De Lorgeril Rogon.

Le chevalier de Lys.

Macé de Vaudoré.

De Maczon.

Le chevalier Mahé de Queroüan.

Le chevalier de Marbeuf.

De Margaro.

De Margaro.

De Marigny.

De Marnière, père et fils.

De Marolles.

De Marolles.

De Massar de la Raimbaudière.

De Massar de Mixegrande.

De Maugoër.

De Mauny Poulain.

De Mellon.

De Menard de la Monneraye.

De la Monneraye, enseigne de vaisseau.

De Menardeau du Perray.

Du Menes Perenoux.

Milon.

Moëlien de Gouaudoux, enseigne des vaisseaux du Roi.

Moëlien.

Le comte du Molant.

De Monceaux.
De Mongermont.
De Monrode.
De Montaudry.
De Monti de la Giraudais.
De Monti, comte de Vesé.
De Monti de la Cartrie.
De Montlige.
De Monty.
Morand du Deron.
Du Mortay-Déclin.
Du Moulin du Brossay.
De Moutiers.
De Munehorre.
Le chevalier de Munehorre.
Le comte de Naimons.
De Nantoix.
De Nemont.
De Nevet.
Du Nodé de la Villedavid.
De Nort.
De Nort de Lallier, capitaine au régt de Piémont.
De Noyan-Urvoy.
Le chevalier des Ormeaux.
Paris de Soulange.
Pasquier.
Pasquier de la Villeblanche.
Péan de Pontfili.
De Pellevé.
De Penancé.
De Penandref de Kanstret.
De Pénelé, lieutenant aux gardes.
De Penguilly le Bel.
De Penhoet.
Le comte de Perrien.
De Pestivien.
De Pestivien.
Pinczon de la Bordière.
Pioger de Laurière
Pioger de Chantradeu, capitaine au régt de Crillon.
De Pladuc.
Le marquis de Ploëuc.
Le comte de Pontbriand.
Pontlabbé.
De Porcart.
Le chevalier de Portmartin.
De Portzmoguet de Kermarchar.
De Premorvan Langlays.
Prévost de la Palefre.
Prioul de la Lande-Guérin.

De Quebriac.
De Quedelay le Vayer.
De Queheon.
Quélos de Kadouzan.
De Quenetant.
Du Quengo.
Le chevalier de Quéraly.
Le comte de Quéraly.
De Querguezec de Coetbruc.
Le marquis de Querlorec.
Querneu.
De Quilien.
Quilien Duplessis.
De Racinoux de la Glochais.
Rado.
Rado du Mas.
Du Raffray-Chastelier.
De Rays père.
Du Rocher.
Du Rocher de la Villeneuve.
Rogon du Boismorin.
Rogon de la Guehardière.
Rolland du Roscouat.
Le chevalier du Roscouat.
Rolland du Freische.
De Rondiers de Tremillia.
Du Roscouët.
Rosnyvinen.
Rouxeau de Livernière.
Du Rumain de Trolong.
De Saint-Aignan.
De Saint-Bedan.
De Saint-Goustant.
De Saint-Hylan.
De Saint-Luc-Conen.
De Saint-Pair.
De Saint-Pern.
De Saint-Pern.
De Saint-Pern du Lattay.
Le marquis de Saint-Pierre.
De Saint-Riveul.
Le comte de Saint-Gilles.
De Saintré Maudet.
De Saulx du Loch.
Le chevalier de Saulx du Loch.
Scott-Plabotte.
Le chevalier Scott.
Le chevalier du Sel.
De Servaude.
Le baron de Sévérac.

De Sécillon de Kerfur.
Du Sel des Monts.
De Sol de Grisolles.
De Talhouet, capitaine de cavalerie.
De Talhouet Boisorhand.
De Tanouarn du Tertre.
De Tanouarn du Chatel.
De Tanouarn, capitaine au régt de la Tour du Pin.
Du Tertre la Choue.
Le comte de Tisé.
Le comte de Tonquedec.
De Toullon Hingant.
De Traurain.
De Treanna.
De Treanna de Lanvilio.
Du Treff-Tranchant.
Le chevalier du Treff-Tranchant.
De Tregouet.
De Tregouet.
Le marquis de Treguil.
De Tremeleuc.
De Tremen.
De Tremeureuc de Lehen.
De Tremeureuc.
De Tremeureuc de la Villeroland.
De Tremigon, lieutenant de vaisseau.
Trevelec du Lesté.
De Trevelec de Keryergon.
De Trevelec Kollivier.
De Treveleuc.
De Treveneuc père.
De Treveneuc fils.
De Triac de Préby.
Troussier.
Troussyer de Rougé.
De Tuommelin.
Urvoy de Closmadeuc.
De Valleton.
De Vaucouleurs.
De Vaudoré.
De Vaunoayse.
De Vavincour.
Du Vergé Rouxel.
De Virel.
Le chevalier de Virel.
De Volvire.
De Voscanuc.
De Vuillermin, capitaine dans le rég. Suisse.

OFFICIERS DES ETATS.

Le président de Bédée, procureur général syndic.
De Quélen, procureur général syndic.
De la Landelle, greffier.
De la Boissière, trésorier.
Odye de la Thebaudière, substitut des procureurs généraux.
Du Plessix Berthelot, commis des Etats.
De la Villéon des Marains, hérault.
Viard, secrétaire du Roi.
Chereil, secrétaire du Roi.
Picquet de Melesse, grand prévôt de la maréchaussée.
De la Glestière Gardin, lieutenant.
Le Grand de Grencé, lieutenant.

ÉTATS GÉNÉRAUX DE BRETAGNE

Liste de Nosseigneurs des Etats de Bretagne tenus à Nantes. (Imp.
Nantes, chez Vatar, libraire des Etats. 1764)

1er octobre 1764.

Le duc d'Aiguillon, pair de France, chevalier des ordres du Roi,
lieutenant général de ses armées, noble Génois, gouverneur général
de la Haute et Basse-Alsace, gouverneur particulier des ville, cita-
delle, parc et château de la Fère, lieutenant général de la province
de Bretagne au département du comté Nantais, commandant en chef
dans ladite province.

NOBLESSE.

Mgr le duc de Rohan, prince, comte et baron de Léon, président de
l'ordre de la noblesse.
D'Andigné du Plessis-Bardoul.
D'Aux.
D'Aux fils.
Le chevalier d'Aux.
Amoureuse de Vernusson.
Auffret de Kerizac.

Le chevalier Ballet.
De Barberé.
Barillier du Saz, ancien commandant du bataillon de Nantes.
Baudry.
Baye.
Le comte de Beaucourt.
Le marquis de Beaucourt.
Le marquis de Beauvau.
De Becdelièvre.
De Becdelièvre.
De Becdelièvre de Penhouet.
De Begasson de la Lardays.
De Begasson du Rox.
De Bellisle-Pepin.
De Bellouan.
De Bellouan, officier de Penthièvre.
Le chevalier de Bellouan.
Le chevalier de Bellouan.
Berthault de la Bossere.
De Berthou.
De Biheron Ginguené.
Binet de Jasson.
De Bino.
De Biré.
Biré de la Marionnière.
Biré de la Senalgerie.
Blanchard du Chatel.
Blanchard de la Buharaye.
Le chevalier du Boisbaudry.
Du Boischevallier l'aîné.
Le chevalier du Boischevallier.
De Boisdavid.
De Boisdavid de Marais.
De Boisdavid de Chafaux.
Le marquis du Bois de la Motte.
Le chevalier du Bois du Bot.
Du Boisgelin, lieutenant-colonel.
Du Boisgueheneuc frères.
Du Boishuë.
Le chevalier du Boishuë.
De Boismorin-Rogon.
Le comte de Bonteville.
Boschier-Dubé.
Du Boscq de Quemby.
Du Boscq de Quemby.
De Botemont.
Du Bouays.
Du Bouays.
Du Bouays de Couesbote.
Le vicomte de Bouexic.

Bourdin de Branday.

Boussineau.

Boux de Casson.

Le chevalier de Bréhan, mestre de camp.

De Brehier.

Bretineau Duplessix Gottoreau de Loysellière.

Le commandeur de Brillac.

Le comte de Bruc.

De Bruc de Montplaisir.

De Bruc du Cleray.

De Bruc, lieutenant des vaisseaux du Roi.

Bruillac de Kres.

De Bruillac de la Villeneuve.

Le comte de Bude de Goesbriand.

De Cadaran de Saint-Mars.

De Cadoret

De Cambout.

De Cambout de Coislin.

De Caradeuc de Launay.

De Carheil de Launay.

- De Carmoy, capitaine de dragons.

Le chevalier de Carmoy.

De Champeaux fils.

Le marquis de Champelay.

Le chevalier de Champsavoy.

Champsmellet de Gaudrion.

Des Chapelles Bréal.

De Charbonneau.

De Charbonneau de Létang.

De Chardonnay de la Marne.

Charette de Boisfoucaud.

Charette de Briord.

Charette de la Colinière.

Charette de la Contrie.

Charette de la Verrière.

Charette du Thiersant.

De Chateaubriand de Combourg.

Du Chatelier.

Du Chatelier Gazet.

Du Chatelier Lyrot.

Du Chesnay-Poulain.

Chomart.

Chomart des Bertins.

Chomart de Kerdavy.

Cillart de Kerannio.

De Coëssal.

Le marquis de Coetanscour.

Collet des Rivières.

De Combles.

De Cornulier.

Cornulier de la Caratris.
Le chevalier Cornulier de la Caratris.
De Cornulier du Vernay.
Le chevalier de Cornulier du Vernay.
Le comte de Coué.
Le chevalier de Coué.
De Couesplan.
Couessin de Kerhaude.
De Couëtpeur.
De Couëtus.
De Coupperie.
De Courson.
Le marquis de Coutances.
Le chevalier de Coutances.
Couvey.
Couvey fils.
Le comte de Crenolle.
Le marquis de Crenolle, colonel du régt de l'Isle-de-France.
Dandigné de Beauregard.
Dandigné de Saint-Germain.
Daubert de Langron.
Le chevalier Desnos, capitaine de Vaisseau.
Déelin de la Pinsgueriere.
Delorme Juchault.
Desgrées.
Deshayes Doudart.
Despinose.
Desvaulx.
Le chevalier Desvaulx.
Dibart.
Du Dieusie de la Varenne.
Dondel du Faouedic, capitaine d'infanterie.
Drouet du Boisglaume.
Dubois de Trevenec.
Dubot (du Bot).
Dubot.
Dubot de Talhouet.
Le chevalier Dubot de Talhouet.
Le chevalier Dubot, major de Royal-Pologne.
Duderon.
Dufou (du Fou).
Dumaz du Brossay, officier de la marine.
Duparc, capitaine de cavalerie.
Duparc, capitaine au régt de Picardie.
Duplessis d'Argentré.
Duplessis d'Argentré, ancien major de cavalerie.
Duplessis d'Argentré, colonel d'un régt de grenadiers royaux.
Dupont de la Roussière.
Dutay.
Duval Gascher.

Espivent de la Villeboisnet.
De Fabroni de Kerbonere.
Le chevalier de Farcy de Saint-Laurent.
Le chevalier Ferrière de la Motte-Rogon.
Ferron de la Motte-Rogon.
Fleuriot de la Fleurière.
Floyd de Rosneven.
Le chevalier Fouquet, capitaine de vaisseau.
Du Fournet.
Fournier de la Galmelière.
Fournier de Pellan.
Frain de la Tendrais.
De France fils.
Le chevalier de France Landal.
De Francheville.
De Francheville du Pelinec.
Le marquis du Gage.
Du Gage Berthelot.
Du Garszpern.
Gascher des Burons.
Le chevalier Gascher Duval.
Gazet de la Noë.
Geffray du Reste.
Geslin de Bringolo.
Le chevalier Geslin de Bringolo.
Geslin de la Villeneuve, commandant du bataillon de Dinan.
Gibon de Querisoët.
Ginguené, père et fils.
Gouer de Kermida.
De Goulaine.
Goullard du Retail.
De Gourdan de Kel.
Le chevalier de Gourdan.
Du Gourlay de Montorien.
De Gouvello de Lafferté.
De Goyon de Thaumatz.
De Goyon de Vaurouault.
Le marquis de Grenedan.
De Gueheneuc de Saint-Léger fils.
De Gueheneuc.
Du Guelambert.
Guerriff de Kerosay.
Le chevalier de Guerry.
De Guervasic.
Guezille de la Suzenais.
Guezille des Touches.
Guezille des Touches Champaugi.
Le chevalier de Guichen.
Guihart.
De Guillermo de Treveneuc.

De Guitton.

De Guitton.

Le chevalier Guyet du Temple.

Guymary de Saint-Jean.

Du Haffond.

Du Halgouet.

Herault de la Motte.

Hingant de la Guichardais.

Le chevalier Hingant.

Le chevalier Hingant de la Tremblais.

Hingant de Saint-Maur.

Hingant de Toullon.

Du Houx de Forsanz fils.

Jacquelot.

Des Jamonières.

Jehannot de Penquet.

Jocet de Thimadeuc.

De Kerambar.

De Kératry.

De Kerbourdon.

De Kermar.

Le chevalier de Kerbellec.

De Kercabus.

De Kerenor.

De Kerespertz, capitaine de dragons.

Le comte de Kerguezec.

De Kerguvelen de Penhoat.

De Kergus du Kerstang.

De Kerhu-Houët.

De Kermadec du Monstoir.

Le chevalier Henri de Kermartin, lieutenant aux Invalides.

Kermenguy.

Le chevalier de Kersaintgilly-Saint-Gilles.

De Kersauson.

Le comte de Kersauson.

Le comte de Kergariou.

De Kerstrat.

De la Barre.

Le marquis de la Bédoyère.

De la Belinaye.

Le comte de la Benneres.

Le vicomte de la Benneres.

De la Bintinaye.

Le comte de la Boissière.

De la Bouexière-Mettrie.

Le chevalier de la Bouexière de la Mettrie.

De la Bouexière fils.

De la Bouexière-Mettrie.

Le chevalier de la Bourdonnaye.

Le comte de la Bretonnière, gouverneur de Dinan.

De la Bussonnais.
De la Chaine Ginguené.
De la Chapelle Coquerie.
De la Chapelle.
De la Chapelle.
De la Chevière de la Gaudinais.
De la Chouë.
De la Cornillère.
De la Cornillère de Narbonne.
De la Courpéan.
De la Forest.
De la Forest de la Fourcherie.
De la Fruglaye.
La Fruglaye.
Le marquis de la Galissonnière.
De la Galmerière.
De la Goublaye du Gage.
De la Goublaye du Perray.
De la Grasserie.
De la Guerche de Ruays.
De la Guerrande, chevalier de Saint-Louis.
Le marquis de la Guerre.
De la Haye de Silz.
Le chevalier de la Haye de Silz.
Le chevalier de la Haye.
De la Haye de Laubriais.
De la Jarrie.
De la Lande Calan.
De la Landelle de la Graë.
De la Lombarderie.
De la Massue.
De la Massue de la Haye.
De la Mettrie de la Chouë.
De la Moricière (Juchault).
De la Motte.
Le chevalier de la Motte d'Aubigné.
Le comte de la Moussaye.
Le chevalier de la Musse.
Le chevalier de la Nocherie.
De la Prévalaye.
De la Roche Saint-André.
De la Roue.
De la Sauldraye de Brigné.
De la Sauldraye-Louail.
De la Soullaye.
De la Soullaye-Duval.
De la Touche-Porman.
De la Tullaye.
Le chevalier de la Tullaye, capitaine de vaisseau.
De la Valettte du Fougeray.

De la Vigne.

Le chevalier de la Vigne.

Le chevalier de la Villegontier de Courteille, l'Américain.

De la Villegontier de la Jalesne.

De la Villegontier de la Jalesne.

Le chevalier de la Villegontier de la Jalesne.

Le chevalier de la Villelouays de la Villéan, officier de cavalerie.

De la Villerault-Hamon.

De la Villetéhart.

Le chevalier de la Villorée.

De la Violaye.

Le Bahezre.

Le Bastart.

Le Bastart de Baulac.

Le Chauff de la Blanchetière.

Le Chauff de Kerguenec.

Le Chauff de la Ravilliaye.

Le Chauff de Lehelec.

Le Corgne de Launay.

Le Forestier de Laumosne.

Le Flo.

Le Flo de Tremelo.

Le Gonidec.

Le Guales.

Le Jay.

Le Long, comte du Dreneuc.

Le Long de Ranlieu.

Le Loup de Chateauthebaud.

Le chevalier Le Loup de Chateauthebaud.

Le Loup de Boischalon.

Le Maignan de Boisvignaud.

Le Maignan de l'écorce.

Le chevalier Le Maignan de Lécorce.

Le Metayer, chevalier de Kerdaniel, capitaine d'infanterie.

Le chevalier Le Mintier, capitaine au régt de Rennes.

Le Mintier, chevalier de Saint-Louis.

Le Mintier, chevalier de Saint-Louis.

Le Moyne de la Tour des Ormeaux.

Le Normand de la Rue.

Le Royer de la Poignardière.

Le Sénéchal de Kerguisé de Tredudé.

Le Vayer.

Le Veneur de la Villechapron.

Le Voyer des Aulnays.

De Lambert de Boisjan.

De Lambert de Craon.

Le marquis de Lambilly.

Langlais, père et fils.

Le marquis de Langle.

Le chevalier de Langle.

De Langle de Beaumanoir.
De Langle Fleuriot, père et fils.
De Langle Prudhomme.
De Langourla de la Chenelaye.
De Langourla de Villegueniac.
De Larchantel.
De Launay de la Vairie.
Le comte de Launay de Létang.
Le chevalier de Launay-Guerriff.
De Lauzanne père.
De Lauzanne de Vauroussel.
Le comte du Laz, inspecteur des haras.
Lenfant de Louzil.
Le chevalier Lenfant de Louzil.
Lenfantdieu.
Le marquis de Lescoet Barbier, gouverneur de Lesneven.
De Lescouble de Kerscouble.
De Lescouble de Renoyale.
De Lescu.
De Lesquen de Casso.
Lesquen de Largentais, capitaine au régt de Guienne.
Le chevalier de Lesquen de la Villemeneust, capitaine de dragons.
De Lestourbeillon.
Leziard de la Leziardière.
Lezot des Portes.
De Lisle du Fief.
De Lisle, officier de vaisseau.
De Lisle.
De Lisle de la Nicolière.
Le chevalier de Lisle de la Nicolière.
Le chevalier de Lisle de Barsauvage.
Le chevalier de Lisle du Dreneuf.
Du Loch.
Le comte du Lou Desgrées.
De Luker.
De Luker, colonel d'infanterie.
Luzeau de la Morinière.
Lyrot de la Patouillère.
Le chevalier Mahé de Berdouaré, officier des grenadiers royaux.
Le chevalier Maillard de Boissaintlys.
Mareschal.
Marin du Chatelet.
Le comte de Martel.
De Martel.
Du Mas, lieutenant de vaisseau.
De Massar de la Raimbaudière.
De Maubreil.
Mauclerc de la Muzanchère.
De May de Ternan.
De Mélient.

De Mellé.
Mellet de la Tremblaye.
Melon de Tregain.
De Menardeau du Perray.
De Menardeau fils.
Le chevalier de Menardeau.
Mesgral.
De Millon.
Millon Dessalles.
Moëlien.
Le marquis de Mòlac.
De Monceaux.
De Monlouet fils, capitaine des grenadiers.
De Monlouet père.
De Monti Danizy.
De Monti de Boga.
Le chevalier de Monti de Launay.
De Monti Giraudais.
De Monti de Kermaingui.
De Montmurant.
De Moucheron.
De Moucheron de Chateauvieux.
Le chevalier du Moulin du Broslay, capitaine de cavalerie.
De Nevet.
Du Noday.
Du Noir de Fournerat.
De Nourquer du Camper.
Le marquis d'Orvault.
D'Orvault fils.
Le chevalier d'Orvault.
Pantin.
Le chevalier Pantin.
Le chevalier de Péan, lieutenant d'infanterie.
Le comte de Perrien.
Picaud de la Pommeraye fils.
Piccot de Peccaduc.
Piccot du Boisby.
Pic de la Mirandole.
Pinel du Chesnay, capitaine au bataillon de Saint-Brieuc.
Pioger de Saint-Perreu.
Le marquis de Piré.
Le comte de Piré.
Le comte du Plessis.
Le comte de Plouer.
Poence des Prises.
Le chevalier de Pomery.
De la Pommeraye père.
Le chevalier de la Pommeraye.
Le chevalier de Pontourande Gouyon.
Le chevalier de Pontual, ancien lieutenant-colonel de dragons.

Pontual de Jouvante.
Poullain de la Vincendière.
Poullain de Mauny.
Poullain Desdodières.
Poulpiquet, oncle et neveu.
De Poulpiquet, capitaine de dragons.
Prévost de la Caillerye.
Prioul de la Rouvrais, père et fils.
Provost de la Voltais.
Le chevalier Provost de la Voltais.
Prudhomme de Chatillon.
Prudhomme de la Papinière.
De Quebriac, père et fils.
Le comte de Quélen du Plessis.
De Quemadeuc de Cargouët.
Le baron de Queryvon.
Le chevalier Rado du Matz.
Rahier.
Rahier.
De Ranléon.
Raoulx Boux.
Le comte de Rayx.
Le marquis de Regnon.
Le comte de Rezé.
Le chevalier de Rezé.
De Rezé.
Le maréchal duc de Richelieu.
Ripault, chevalier de la Cathelinière.
Robard de la Serennerie.
Robert de Boisfossez.
De Robien.
De Robien de la Boulaye.
De Robinault de Saint-Réjan.
De Rochequairie.
Le chevalier du Rocher du Quengo.
Le chevalier Rogon.
Le chevalier Rolland.
Rolland du Fresche.
Rolland du Noday.
De Romilley.
Rorthays de la Poupelinière.
De Rosily.
De Rosnyvinen.
Rouaud de Treguel.
Rouaud de Treguel.
Rouxeau de Livernière.
Rouxeau des Fontenelles.
De Ruays de la Renaudière.
De Ruays de la Sauvagerie.
Le chevalier de Ruays de la Sauvagerie.

De Ruellan du Plessis du Tiercent.

Le chevalier de Saint-Bedan.

De Saint-Genys.

Le marquis de Saint-Gilles, capitaine d'infanterie.

De Saint-Goustan.

De Saint-Jean.

De Saint-Malon, garde du Roi.

Le chevalier de Saint-Mars de Cadaran.

De Saint-Maugand du Vauferrier.

Le marquis de Saint-Pern.

Le comte de Saint-Pern.

De Saint-Pern du Lattay.

Des Salles du Coudray.

De Santo-Domingo.

De Sceaux.

De Sécillon père.

Le chevalier de Sécillon.

De Sécillon.

De Sécillon de Kerfur.

Du Sel des Monts.

De Silguy.

Le comte de Silz.

Sohier de Vaucouleurs.

De Sol de Grizolles.

Le commandeur de Soulange.

De Soussay.

De Soussay de la Guichardière.

De Soussay de la Guichardière, officier de marine.

De Soussay du Buron.

Le baron de Stapleton.

Symon de Galisson.

Symon de Kervion.

Symon de Lessard du Coudray.

Symon de Soussay.

Le chevalier Symon de Villeneuve.

Symon, Sgr de Saint-Julien de Vouvantes.

Talhouet Grationnaye, aide major du régt du Roi.

Therroneau.

Le marquis de Tinteniac.

Tosse.

Toublanc du Ponceau.

Tramain, capitaine au régt du Roi.

Tranchant des Tulays.

Le chevalier de Traurout.

De Trecesson.

De Tregomar.

De Tremaudan.

De Tremereuc.

De Tressay de la Brot-Chollière.

De Tressay de la Sicaudais.

De Trevelec.
De Trevelec Keriargon.
De Trevelec de Kerollivier.
Le comte de Treves.
De Triac, capitaine des grenadiers, chevalier de Saint-Louis.
De Trobriand, lieutenant de vaisseau.
De Trogoff, officier de marine.
De Trolong.
De Tronquoy.
Urvoy de la Motte.
De Valleton de la Barossière.
Walsh.
Le chevalier Walsh.
De Vaudoré, père et fils.
Du Vauferrier.
Le chevalier du Vauferrier.
De Vavincourt père.
Le chevalier de Vay.
Du Vieuxchatel.
Le chevalier de Virel.
Visdelou de Bonamour.
Visdelou du Liscouet.
Yvicquel de Lescly.
Yvicquel de Saint-Goustan.

OFFICIERS DES ÉTATS.

De la Bourdonnaye de Boishulin, procureur général, syndic.
De Robien, procureur général, syndic.
Le Chapelier, avocat, conseil des Etats, substitut.
Geslin, avocat substitut.
De Monti, greffier des États.
Du Plessis Berthelot, commis des États.
De la Villéon, héraut.
Viard, secrétaire du Roi.
Dacosta, secrétaire du Roi.
Piquet de Melesse, grand-prévôt.
Gardin de la Glaisière, lieutenant.
Duchêne de Bettencour, lieutenant.

PROTESTATION

DE

L'ORDRE DE LA NOBLESSE DE BRETAGNE

1789

Nous, soussignés, gentilshommes bretons, composant l'Ordre de la noblesse, convoqués suivant les formes anciennes pour assister aux Etats dudit pays et duché de Bretagne, aux termes des contrats passés entre le Roi et lesdits États ;

Considérant que les lois constitutives de l'Assemblée nationale de cette province, étant la base la plus assurée du bonheur des peuples qui l'habitent, tout citoyen breton doit être attaché à leur conservation plus qu'à la vie, autant qu'à l'honneur même ;

Considérant encore que l'arrêt du conseil du 3 janvier attaque les droits et la dignité de l'Assemblée, en ordonnant sa suspension à l'instant même où elle venait de se former ; que cet arrêt semble cacher sous un prétexte spécieux le projet de disperser les gentilshommes bretons au moment où ils ont le plus pressant besoin d'être réunis pour réclamer contre l'atteinte qui vient d'être portée aux droits dont la noblesse de France en général, et la noblesse de Bretagne en particulier, doivent jouir aux Etats généraux ;

Considérant encore que la décision du conseil qui règle la forme de la convocation aux Etats du royaume, laissant envisager des incertitudes et des craintes sur la manière de délibérer aux Etats généraux, est une surprise manifeste faite à la religion de Sa Majesté, par un ministre qui ose opposer son opinion aux formes adoptées, consacrées par la nation française dans ses précédentes assemblées, à l'avis du Prince et des Notables qu'un Souverain chéri de ses peuples avait appelés auprès de lui pour éclairer sa justice sur une matière aussi important ;

Considérant enfin que cet arrêt du conseil est aussi contraire à l'intérêt des peuples qu'à celui de la monarchie, du Roi et de la noblesse française dont les intérêts sont invariablement unis ;

Protestons contre le résultat du conseil du 27 décembre 1788 et l'arrêt du conseil du 3 janvier 1789, pour la conservation de nos droits particuliers et pour les intérêts de la noblesse du royaume, dont les nôtres ne peuvent être séparés.

Persistant dans les principes qui ont dicté notre arrêté du 8 mai 1788, nous déclarons que tout changement qui serait fait à la forme constitutive des États de cette province, sans avoir été librement délibéré et consenti à l'unanimité par les Trois-Ordres, pour l'avantage de l'un d'entre eux, rendrait lesdits Etats inconstitutionnels, et que, si aucun gentilhomme consentait à être membre d'une pareille assemblée, sous quelque nom qu'on lui donnât, quand même il y paraîtrait forcé par des ordres qu'un citoyen ne doit pas reconnaître quand ils sont contraires aux lois, nous le regardons comme déshonoré, et sous le serment de l'honneur nous le déclarons traître à la patrie.

La présente déclaration est également prononcée contre ceux qui prétendraient représenter la noblesse aux Etats généraux, en vertu d'une élection qui n'aurait pas été faite dans le sein de l'assemblée nationale de la province.

Le comte de Boisgelin (maréchal de camp), président.

François-Louis-Thérèse d'Andigné.
Guillaume-Marie-Joseph d'Andigné.
Jean-Charles-Julien d'Andigné.
Jean-Mathurin-Pierre d'Andigné de Grandelieux.
Joseph-Marie-Charles d'Andigné de Saint-Germain.
Jacques-René-Jean-Baptiste Artur de la Villarmois.
Jean-Louis-François Aubin de Botcouart.
Jacques-Augustin le chevalier Aubin de la Fontaine.
Vincent-Marie-Casimir Audren de Kerdrel.
Louis-Mathurin Aulnette Duvautenet.
Annibal-Julien-François du Bahuno de Kerolain.
François-Louis du Bahuno du Liscoet.
Marie-Jacques du Bahuno du Liscoet.
Jean-François de Baillehache.
Sébastien-François-Joseph Barbier de Lescoët.
Cyprien Barin de la Gallissonnière.
Auguste-Joseph de Baude de la Vieuville.
Nicolas-Marie-Claude-Henri de Beauchamps.
Louis-Charles de Beauchesne.
Michel-Jean-Baptiste-Anne du Beaudiez.
Anne-Marie-Alexandre de Becdelièvre Penhouët
Joseph-René-Jean Bedeau.
Félix-Louis de Bédée.
Marie-Antoine de Bédée Bouëtardays.
Alexis de Bédée du Moulintison.

Jean-François de Bedée de la Villegeinguelain.
Paul-Romain de Bellouan.
Alexis-Thimothée, chevalier de Bellouan.
Bertrand de Bénazé.
Jean-Baptiste Berthelot.
Jean-François Berthou de la Violaye de Montluc.
Pierre-Jean Beschart.
Joseph-Marie Beschays de Garmeaux.
Pierre de Besné.
Victor Binet de Jasson.
Jean-Marie-Philippe Binet de Jasson.
Philippe de Biré.
Toussaint-Marie Bizien.
Jean-René Bizien du Lézart.
Louis-Gabriel-César-Eurimedon Blanchard de la Buharaye.
Julien-François Blanchard, chevalier de la Buharaye.
Casimir-Félix-Augustin-Gabriel, chevalier Blanchard de la Buharaye.
René-Joseph-Victoire de Boberil.
Constant-François-Charles-Julien du Boisbaudry.
Paul-Alexandre du Boisberthelot.
Vincent de Boisboissel.
Toussaint-Marie de Boisgelin.
Gilles-Dominique-Jean-Marie de Boisgelin.
Pierre-Marie-Fidel de Boisgelin.
Jean du Boisguéhenneuc.
François-Joseph-Marie du Boisguehenneuc.
Jean-Pélage-Pierre du Boisguehenneuc.
Charles-Vincent du Boisguehenneuc de Cahan.
Yves-Joseph du Boisguehenneuc de la Villéon.
Charles-Nicolas du Boisguehenneuc, chevalier du Minevin.
Geoffroy-Marie du Boishamon.
Bonaventure-Esprit, chevalier de Bonin.
Louis-Charles de Boquien.
Augustin Borel de Bottmont.
Augustin-Marc Borel, chevalier de Bottmont.
Jean-Baptiste-René du Botderu.
Henri-Gaspard, chevalier de Botherel.
Amant-Fidel-Constant Botherel de la Chevrie.
Henri-Rose-Malo Botherel du Plessix.
Charles Botherel de Quintin.
Noël-Louis de Botmilliau de la Villeneuve,
Alexis-Gordien du Bouays de Coibouc.
Louis-René du Bouays du Rocher.
Charles-Anne du Bouettiez.
François-Marie du Bouexic.
Louis-Yves du Bouexic des Forges.
Agathon-Luc-François du Bouëxic de Guichen.
Joseph-Augustin du Bouexic de Pinieux.
Paul-Yves de Bouilly du Fretay.
Pierre-François-Marie du Bourblanc d'Apreville.

Louis-Marie du Bourne de Chefdubois.
François-Placide de Bréal.
Guillaume-Bonaventure du Breil de Rays.
Jean-Baptiste-Guillaume-Luc du Breil de Rays.
Charles-Dimas-Pierre de Brilhac.
Louis-Jean-Baptiste-Benoît-Claude de Bruc.
Antoine-Louis de Bruc.
Louis-Prudent-Aimé de Bruc de Beauvais.
Claude-Louis-Marie de Bruc du Cleray.
Julien-Pierre-Claude de Bruc du Cleray.
Marie-François de Bruc de la Guerche.
Charles-Louis de Bruc de Montplaisir.
Alain-Jean de Bruillac.
François-Agathe-Joseph Brunes du Quillien.
François-Louis Brunet de Hac.
Henri-Jacques-François Busnel de Montoray.
Augustin-Louis Cadet de Bellevue.
Toussaint-François de Cadoret.
Emmanuel-Paul-Vincent de Cahideuc du Bois de la Motte.
Etienne-René Calloët de Lanidy.
Pierre-François-Esprit Calloët de Tregommar.
Pierre du Cambout.
Jean-Marie de Carheil de la Guichardaye.
Pierre de Carheil de Launay.
Armand-Gilles-Agathon de Carné.
Louis-François-Marie, chevalier de Carné-Carnavalet.
César-Hippolyte-Jean-Baptiste-René de Carné-Trecesson.
François-Marie-Clément de Castel.
Clément-Vincent de Castel.
François-Bertrand-Emmanuel, chevalier de Castellan.
Louis-Joseph-Sévère de Castellan.
Joseph-Marie-Claude du Celier.
Jean-Baptiste-Marc de Chappedelaine de Boslan.
-Pierre-Louis de Chambellé.
Augustin-Marie Champion de Cicé.
René-Marie de Chardonnay.
Joseph Charette de Briord.
Mathurin-Elisabeth-Jean Charette du Thiersant.
Jérôme Louis Charpentier de Queronic.
Charles-Jean de Chasteaufur.
Louis-François de Chasteaugiron.
François-Augustin-Désiré de Chateaugiron.
Henri-René de Chatton.
Eugène Chatton des Morandais, père.
Eugène Chatton des Morandais, fils.
Louis Chatton, chevalier des Morandais.
Pierre-Cyprien Chatton de Vaugervy.
Guillaume-René Chatton de Ranléon.
Jean-René Chrestien de Treveneuc.
Pierre-Hyacinthe Chrestien de Treveneuc.

Etienne-Joseph-Marie Cillart de Villeneuve.
Jacques-Claude de Cleux du Gage.
Joseph-François de Coattarel.
François-Malachie de Coattarel de la Soray.
Jean-Baptiste-Marie de Coataudon.
Pierre-Joseph-Jean de Coëtanlem.
Etienne-François-Denis de Coetlosquet.
Joseph-Jean des Cognetz.
Pierre-Marie Colin de la Biochaye.
Pierre-Marie-Auguste Colin de la Biochaye.
Pierre-Louis Collas de la Motte.
François-Pierre Collas de la Baronnais.
René-Thomas Collas de la Baronnais, fils.
Charles-Jean Collas Dureste.
Jean-François de Collobel de Tromeur.
Clément Collobel de Bodel.
Clément-François de Collobel du Bot.
Joseph Collobel du Predi.
Pierre-François, chevalier de Collobel.
Jacques-Bertrand Colomban Desgrée.
René-Marie de Combles.
Pelage de Coniac.
Alexandre-Gaston de Cornullier.
Jean-Baptiste-Pierre de Cornullier.
De Couaisnon de la Lanceulle.
Joseph de Couaridouc.
René-Yves-Marie de Couessin.
Joseph-Marie-Julien de Couessin, chevalier de Kerhaude.
René-Pierre Couessin de Kerhaude.
Maurice-François de Couessin de Boisriou.
Jean-Baptiste-René de Couetus de la Vallée.
Jean-Claude, chevalier de Couetus.
Yves-Anne Couffon de Kerdellec.
François-Constant Couppé des Essarts.
Courson de Kernescop, père.
Courson de Kernescop, fils.
Jean-Marie-François Courson de la Belleissue, ou Bell-Issue.
Jean-Marie de Courson de Liffiac.
Louis-René-Marie de Courson de Liffiac.
Toussaint-Etienne-Félix Courson de Launay.
François-Auguste Courson de Villehelio.
Louis-Guy-Emilie-Bernard de Courville.
Emmanuel-Martin-Yves Couvey.
Gabriel-Jonathas-François de Cressolles.
François-Amand-Jean-Baptiste Dachon de la Billière.
Antoine-Henri Damphernet du Pontbellanger.
Eléonor-Amant-Constant Damphernet de Kermadehoua.
Jacques-Jean Depluvié.
Annibal-Sylvestre-Fortuné de Derval.
Joseph-Claude de Derval.

Louis-Olivier Descognetz (des Cognetz) de Correc.
Guy-Mathurin-Millon Dessalles.
Urbain Dibart de la Villetanet.
Jean-François-Stanislas Dondel du Faouedic.
Jean-Baptiste-Daniel Doudart Deshayes.
Joseph-Marie-Nicolas-Léonard du Dresnay.
Louis-Marie-Ambroise-René du Dresnay.
Léonard-Anne Drouet de Montgermont.
Joseph Drouet de Montgermont.
Jean-Baptiste-Marie Drouet de Montgermont.
André-François Drouet, chevalier de Montgermont.
Mathurin-François Drouet du Boisglaume.
François-René-Léonard Drouet de la Noësèche.
Guillaume-Marie Drouet, chevalier de la Noësèche.
C. H. M. Dubois de la Feronnière.
Charles-François-Jules Dubot du Grego.
Louis-Malo-Jean-Rolland Dubreil du Chalonge.
Jean-Baptiste, chevalier Dubreil du Chalonge.
Jean-Malo-Hyacinthe Dubreil Pont-Briand de Nevet.
Pierre-Malo Dubreil de la Herbedais.
Jacques-François-Anne Dufeu.
Louis-Marie Dufresche de la Villerion.
Rolland-François Dufresne de Kerlan.
Nicolas-Guillaume-François Dufresne de Renac.
Henri-Augustin Dufresne de Virel. .
Hippolyte-Nicolas-Joseph, chevalier Dufresne.
François-Louis-Marie Duguiny (de Guiny).
Amateur-Anne Duparc.
Joseph-René Duparc de Coatrescar.
Charles-Louis Gabriel Duparc-Pennanguer.
Armand-Charles-Marie Dupé d'Orvault.
Pierre-Marie Duplessis d'Argentré.
Julien-Marie-François Duverger.
René-Louis Duvergier de Kerhorlay.
Pierre-Sébastien-Daniel Espivent de la Villeboisnet.
Denis-Jean Espivent de la Villeguevray.
René Estourbeillon, *alias* Lestourbeillon.
Jean-Joseph Euzénou de Kersalaun.
Louis-Anne-Alexandre de Fabroni de la Garoulaye.
Alexandre Fabroni de la Garoulaye.
Jean-Marie-Protaire de Farcy de Malnoë.
Annibal-Pierre-François de Farcy de Montavallon.
Guillaume-Jean-François, chevalier de Farcy de la Villedubois.
François-Auguste Ferron du Quengo.
Pierre-Jacques-François-Joseph-Auguste Ferron de la Ferronnaye.
Jean-Charles-Marie Fleuriot de Langle.
Jacques Fleuriot de la Treulière.
Jacques-Nicolas Fleuriot de la Treulière.
Elie-François de Fontlebon.
François-Marie de Forges.

Hilarion-Alexis-Mathurin de Forsanz du Houx.
Jacques de Forsanz du Houx, père.
Jérôme-Bonaventure du Fou de Kerdaniel.
Louis-François de Foucher.
Guillaume-Paul-Fidel de Foucher.
Anonyme Fournier, chevalier de Trelo.
Edouard-Hyacinthe-Marie Fournier d'Allerac.
Louis-François-René Fournier d'Allerac.
Jacques-Nicolas Fournier de la Galmelière.
Anonyme Fournier de Renac.
Vincent-Mathurin de Francheville.
Charles-Joseph Francheville de Plailain.
Gabriel Freslon.
Alexandre-Louis-Hugues de Freslon.
Jean-Emmanuel-René Freslon de Saint-Aubin.
Alexis-François-Marie-Joseph Freslon de la Freslonnière.
Jean-Ami Gallais de la Salle.
Charles-François du Garspern.
Toussaint-Charles Gascher-Duval.
Mathurin-Jacques le chevalier Gascher-Duval.
René-Jean Gaultier de la Boulaye.
Toussaint-Jérôme-Amateur Geslin de Bourgogne.
Louis-Anne-Pierre Geslin de Tremergat.
Maurice-Gervais-Joachim Geslin de Tremergat.
Morice-Alexandre Geslin de Tremergat.
Joseph-Marie-François Gesril.
Anne-Paul-Louis-Marie-Emmanuel Gibon.
Claude-François Gicquel Dunedo.
Pierre-Vincent-Gabriel Gicquel-Dunedo.
François Gillart de Keranflech l'aîné.
— Gabriel-Marie-René, chevalier Gillart de Keranflech.
Charles-Jean Gillot de Croyal.
Pierre Ginguené.
François de Ginguené de Bournouveau.
Gabriel-Jean-Louis Ginguené, chevalier de la Chaîne.
Félix-Joseph Glé de Launay.
Pierre-Louis Godet de Chatillon.
Christophe-Marie de Goesbriand.
Paul-Marie Gonen de Kergoff.
Hervé-Jean Goueznou Thepault du Breignou.
Charles-Anne-Marc-Samuel de Goulaine.
Jean-Anne-Corentin de Gourcuff.
René-François du Gourlay.
Nicolas-Laurent du Gourlay de Montorien.
Marie-Joseph-Armand Gouvello de Keryaval.
Joseph-Pierre de Gouvello de Kerantré.
René-François Gouvello de Rosmeno.
— Luc-Jean Gouyon de Beaufort.
Henri Gouyon de Coipel.
René-François de Gouyon de Thaumatz.

Alexis-Claude-Louis de Gouyon de Thaumatz.
François-Louis-Auguste-Joseph de Gouyon du Vaurouault.
François-Louis-Claude, chevalier de Gouyon du Vaurouault.
Armand-Jacques-Guillaume Gouyquet de Bocozel.
Victor-Benjamin de Goyon.
Bernard-Jean de Goyon.
Augustin-Joseph de Goyon de l'Abbaye.
De Goyon de Rochefort.
Louis-François de Goyon des Hurlières.
De Gouzillon de Bélizac.
Robert Grandin de Mansigny.
Joseph-Marie Grignart de Champsavoy de la Muce.
Marie-Joseph Grignart, chevalier de Champsavoy, doyen de la no-
    blesse.
Jean-Baptiste-René Gueheneuc du Boishue.
Prosper-André Guérin de la Grasserie.
Bonable Guérin, chevalier de la Grasserie.
Alexandre-Marie de Guernisac de Kerham.
Jean-François de Guerrif.
François Guerrif de Lanouan.
Louis-Marie Guerriff de Launay.
Charles-François-Louis-Marie Guerrif de Kerozay.
Claude-Thomas-Félix, chevalier de Guerry.
Guillaume-Marie-René de Guichardi de Martigné.
Joachim-René-Mathias Guillart de Kersausie.
François-Victor Guyet du Teil.
Joseph-Guillaume-Marie du Haffont.
Guillaume-Charles-Marie du Haffont de Lestrediagat.
Jean-Marie-Félix-Félicité, chevalier du Haffont.
Louis-Charles-Mathurin du Halegoët.
Jacques-François Halna du Fretay.
Pierre Bertrand de Hamon de Boismartin.
Paul-Joseph Hamon de la Villerault.
Casimir-Julien-Mathieu Harseouet.
Louis-Joseph Harscouet de Saint-Georges.
Marie-Achille Hay de Bonteville.
Anne-Joachim Hay de Kerenraix.
Marie-Paul Hay des Nétumières.
Charles Hay des Nétumières.
François-Daniel Hay de Sladé.
François-Joachim Hemery du Bouillon.
Jean-Marie-René Hemery de la Fontaine Saint-Perne.
Hilarion-Henri Hingant.
Joseph-Alexis-Henri Hingant.
Louis-Henri Hingant.
Jean-Baptiste Houet de Chesnevert.
Yves Houet de Chesnevert.
Joseph-Antoine Hubert de la Massuë.
Georges-Louis Huchet de Cintré.
Marie-Corentin Huchet de la Bédoyère.

Antoine-Pierre Huchet, chevalier de la Bédoyère.
Charles-Victor Huchet de la Besneraye.
J.-Marie Huon de Kermadec.
Marc-Pierre-François des Illes.
Amand-Pierre-Joseph Jacquelot de Bois-Rouvray.
Jean-Baptiste-Charles de Jacquelot.
Alexandre-François Jegou du Laz.
Christophe-Jacques-Prudent-Gilbert Juchault de la Moricière.
Jean-Baptiste Jullienne.
François-Thérèse-Guillaume de Jullienne.
Pierre-Joseph de Jullienne de Blezuan.
—Pierre-Alexandre de Keranflech.
Julien-Jean-François-Marie de Kératry.
Florentien-Claude de Kerautem Ducours.
Urbain-François-Marie, chevalier de Kerespertz.
Pierre-Joseph Kergariou.
Gabriel-Vincent-Marie de Kergariou du Cozkaer.
Pierre-Charles Kergnech de Kericuff.
Michel-Henry de Kergoët.
Hervé-Jean de Kergrist.
Claude-Mathurin-Louis-Jean de Kergu.
Jean-Louis de Kergu de Belleville.
Joseph-René de Kerguern.
Yves-Joseph de Kerguelen.
Auguste-François-Annibal de Kerguern.
Charles-Marie de Kerguisiau de Kervasdoué.
Augustin-Noël-Bernard de Kerhamon.
François-Toussaint-Pastour de Kerjan.
Achille-Louis-Joseph-Marie de Kerléan.
Hippolyte-Marie de Kermarec.
Pierre-Casimir de Kermarec.
Casimir-Pierre de Kermarec.
Eusèbe-Jean-Louis de Kermarec.
Jean-Louis-Eusèbe de Kermarec.
François-Claude de Kermarec de Traurout.
Gabriel-François de Kermarec, chevalier de Traurout.
Jean-Baptiste-Félicité de Kermarec des Tronchais.
Emmanuel-Armand-Sévère de Kermel.
Olivier-Jean-Marie de Kermel-Kermesen.
Olivier-François-Marie de Kermel-Kermesen.
François-Marie de Kermenguy du Roslan.
Jean-Louis-M. Kermerchou de Kerautem.
Robert-Toussaint de Kernezne.
Gabriel de Keroignant d'Estuer.
Alexandre de Kérouartz.
Jacques-Joseph de Kérouartz.
Jacques-Louis-François-Marie-Toussaint de Kérouartz.
Antoine-Hyacinthe Kerpaen de Kersallo.
Louis de Kerpoisson.
Jean-Baptiste, chevalier de Kerpoisson.

Jacques-Mathurin-Julien de Kersauson.
Claude-Gabriel de Kersauson de Coatbizien.
François-Joseph-Denis de Kersauson-Vieux-Châtel.
Morice-Pierre-Joseph Kersauson Goasmelquin.
François-Jean Kerusec de Goastino.
Pierre-Marie de Kerusec de Guelsic.
Félix-Marie de Kérusec de Runamber.
Charles-Louis-Marie de Kerven de Kersullec.
Julien-Toussaint-Simon de Kervion.
Jean-Marie-Louis Ladvocat de la Crochais.
Charles-Remi Ladvocat de la Crochais.
Mathurin Lamour de Lanjegu.
François-Gaétan Lamour de Lanjegu.
Pierre-François-Gabriel de Lambilly.
Laurent-Xavier-Martin, chevalier de Lambilly.
Augustin-Hyacinthe de Langan.
Louis-Marie-François de Langan de Boisfévrier.
Anne-Charles-Auguste de Langan de Boisfévrier.
Calixte-François Langlays de Prémorvan.
Joseph-Marie-Jean de Langle de Beaumanoir.
Anne-Joseph de Lanloup.
Louis-Paul de Lantivy-Talhouet.
Jérôme-Valentin de Lantivy du Reste.
Pierre-François du Largez.
Jean-Baptiste-J. de Launay de la Vairie.
Marie-Joseph de Launay du Boislucas.
Toussaint-Joseph de Lauzanne.
Louis-François-Marie Legall du Pallévar.
Paul-Charles Legge.
Théodore-Jacques Legge.
Alexandre-Jean-Baptiste Legge.
Marie-Louis de Léon.
Charles-Marie, chevalier du Lesclay de Chefbocage.
Joseph-René de Lesguern de Kerveatoux.
François-Yves de Lesquelen.
Louis de Lesquen de la Menardais.
François-Constance-Claude Lesquen de la Menardais.
Louis-Victoire-Jacques-Simon de Lessard.
Jean-François de Lestang du Rusquec.
Joseph-Claude-Jean de Lestourbeillon.
Pierre Leziart.
René-Xavier Leziart.
Leziart de la Léziardière.
Joseph-Charles-Louis Leziart du Dezerseul.
Jean-J.-Modeste Leziart, chevalier du Dezerseul.
Michel Leziart, chevalier du Dezerseul.
Pierre-Célestin de Lezormel.
Gui-François Lezot de Loizil.
René de Liger de la Roussière.
De L'Isle de la Nicolière.

Prudent de L'Isle.
François-Jean-Baptiste L'Olivier de Tronjoly.
François-Urbain L'Olivier de Tronjoly.
Louis-Pierre-Marie de Lorgeril.
Pierre-Marie-Nicolas-Alexis Loz de Coëtgourhant.
François-Jean-Hervé Lyrot de la Patoullière.
Etienne-Guillaume, chevalier de Lyrot.
Gabriel-Gaspard de Lys.
Gabriel-François-Cyrille de Lys.
François-René de la Barre.
Armand-Marie de la Belinaye.
Charles-René, chevalier de la Bintinaye.
Jean-Baptiste-Marie-Simon de la Bintinaye.
Marie-Mathurin de la Boessière de Rosveguin.
François-Marie-Thomas, chevalier de la Boessière.
Charles-Esprit-Clair de la Bourdonnaye.
Charles-Sévère-Louis de la Bourdonnaye.
René-Marie-Anne-Jules de la Bourdonnaye.
Esprit-Louis-Barthélemy de la Bourdonnaye.
Louis-Anne de la Bourdonnaye de Boisry.
Jacques-Anne de la Bourdonnaye de Boishulin.
Charles-François de la Bourdonnaye de Montluc.
Paul-François de la Celle de Châteaubourg.
Emmanuel-Félicité-Malo de la Celle, chevalier de Châteaubourg.
Charles-Joseph de la Celle de Châteaubourg.
Jean-Baptiste-Joseph-Alexis de la Chapelle.
Benjamin-René-Michel de la Chevière.
Jean-Baptiste-Germain de la Chevière.
Louis, chevalier de la Chevière.
Julien-Gabriel de la Chevière Gaudinais.
Paul-Jean-Jacques de la Chevière de Saint-Morand.
Maurille-Alexis de la Choue de la Mettrie.
Jean-Marie-Pierre de la Forest.
Louis-Marie-Thérèse de la Forest de la Ville au Sénéchal.
François-Gabriel-Marie de la Fruglaye.
Casimir-François-Amat de la Fruglaye.
Joseph de la Fruglaye de Lanfosso.
Claude-Marie-Joseph-Bernard de la Gatinnais.
Joseph-Marie de la Goublaye de Menorval.
Rodolphe-Emmanuel de la Goublaye de Nantois.
De la Guerrande.
Louis-François-Anne de la Haye de Changée.
Jean de la Haye de Plouer.
Victor-Joseph-Jean de la Haye de Plouer.
Lorent de la Houssaye.
François-Marie-Joseph de la Houssaye.
Eustache-Louis-Charles de la Houssaye.
Jean-Louis-François de la Lande-Calan.
Pierre-Marie-Agathe-Hyacinthe de la Lande, chevalier de Calan.
Louis-Jean-Alexandre de la Landelle.

François-Marie de la Landelle.
Emmanuel-Armand-Paul-Siméon de la Landelle.
François-Louis de la Marche père.
Joseph-Hyacinthe de la Marche.
Léonard-Hyacinthe-Thadée de la Monneraye.
René-Augustin de la Monneraye.
Jean-Dymas de la Monneraye.
François-Pierre-Ange de la Monneraye.
Jacques-Joseph de la Motte de Broons.
Henri de la Motte-Foucqué.
Anne-René de la Motte, chevalier de Montmuran.
Joseph-Marie de la Motte de Montmuran.
Pierre-Jean-Martial de la Motte de Montmuran.
Claude-Cyprien de la Motte du Portal.
Guillaume de la Motte du Portal.
Charles-Louis-Ange de la Motte-Vauvert.
François-Charles-Célestin de la Moussaye.
Victor-François-Gervais de la Moussaye.
Edouard-Marie-Ferdinand, chevalier de la Moussaye.
Pierre-Joseph de la Moussaye de Saint-Marc.
Louis-François-Joseph de la Noë.
Amateur de la Planche de Kersula.
Marie-Joseph-Gabriel de la Pommeraye de Kerambar.
Gabriel-Marie de la Roche Saint-André.
Casimir de la Roue.
Joseph-Victor de la Roue.
Jean-François-Aubin de la Roue.
Joseph-François-Louis de la Ruée.
Joseph-Marie-Luc-Hyacinthe de la Ruée.
François-René-Louis de la Touche-Porman.
Charles-Alexis de la Tribouille de Bezons.
Louis-Alexandre-Olivier de la Tullaye.
Jean-Julien de la Tullaye de la Villedorée.
Louis-Marie-Rodolphe de la Tullaye fils.
Salomon-Louis, chevalier de la Tullaye.
Joseph-Siméon-Stillite-Salomon, chevalier de la Tullaye.
François de la Valette.
Thomas-Claude de la Villegontier.
Jacques-René de la Villegontier de Jalesne.
Jean-Marie de la Villéloays de la Villéan.
Gilles-René de la Villette.
Frédéric-Joseph-César de la Vigne Dampierre.
Jean-Baptiste-François de la Villéon du Frescheclos.
Pierre-René Le Bastart de Villeneuve.
Jean-François Le Bel de Penguilly.
Jean-Marie-Gilles Le Bihan de Pennelé, chevalier de Tréourret.
Joseph-Marie-Charles-François Le Bihan de Pennelé.
Toussaint-Marie-Eusèbe Le Bihan de Tréouret, chevalier de Pennelé.
Toussaint-Marie-Jacques-Joseph Le Bihan de Pennelé.
Yves Le Bihannic de Guiquerneau.

Jean-François Le Borgne de Kerusoret.
Charles-Guy-Joseph Le Borgne de Boisriou.
Toussaint-Fidèle Le Borgne de Kermorvan.
Joseph-Louis-Morice Le Bouloign.
Christophe-Jean-Charles chevalier Le Bouloign.
Joseph Le Bouteiller.
Louis-Pierre Le Cardinal de Kernier.
Artur Mathieu-Julien-Fortuné Le Chaponnier de Kergrist.
François Le Chauff de Kerguenec.
Joseph-Marie-Louis Le Chauff de la Raviliaye.
Hyacinthe Le Chauff de la Ravilliaye.
Louis-André Le Corcin.
Jean-François-Louis Le Corgne de Launay.
Marc-Antoine-Joseph Le Couriault du Quilio.
Jean-Marie Le Douarain de Lemo.
André-Jean-Joseph Le Douarain de Trevelec.
Jean Baptiste-Marie Le Dourguy de Roscerff.
Joseph-Marie Le Febvre.
Jean-Baptiste-Paul, chevalier Le Febvre.
Yves-Joseph-René Le Forestier du Boisfrouger.
Nicolas-Jacques-Sébastien Le Forestier de Kerosven.
Toussaint Le Forestier de la Mettrie.
Claude-Marie Le Frotter.
Charles-Célestin Le Frotter-Dangecour.
Honorat-Julien Le Frotter de Killis.
Louis-Rose-François Le Gac de Lansalut de Servigné.
Rolland-Pierre Le Gac de Lansalut de la Villeneuve.
César-François Le Gac de Lansalut.
Pierre Le Gobien.
Jacques-Olivier Le Gonidec de Kerloch.
Joseph-Julien Le Gonidec de Kerdaniel.
Louis-Jean-François Le Gouz de la Ville-Goya.
Alain-Louis Le Gualès.
Hyacinthe-François-Julien-Marie Le Guennec de Trevran.
Ambroise-Bernard Le Jar du Clesmeur.
Paul-Olivier Le Jumeau de Kergaradec.
René-Anne Le Lart du Ros.
Yves-Marie Le Lay de Kermabon.
Louis-Vincent Le Levroult Dubois-Passemalez.
Charles-Marie Le Limonier de la Marche.
Louis-François-Sébastien Le Loup de la Billiais.
Louis-Marie Le Loup de Chasseloir.
Louis-Gabriel Le Maignan de Lécorce.
Guillaume-Marie Le Marant de Boissauveur.
Jean-Marie-Guillaume-Auguste Le Métayer de Kerdaniel.
Claude Le Metaër.
Fidel-Amant Le Metayer de Kerdaniel.
Pierre-Jean-Joseph Le Métayer de Coydiquel.
Charles-Marie Le Mintier.
Louis-François-Marie Le Moenne de Launay.

René-Marie-André Le Moënne, chevalier de Launay.
François-Mathurin Le Moyne de Kerourin.
François-Marie-Joseph Le Noir de Tournemine.
François-Aimé Le Normant de Lourmel.
François-Jacques-Gabriel Le Normant de Lourmel, fils.
Toussaint Le Normant, chevalier de Lourmel.
Louis-René Le Normand, chevalier de la Rue,
Artur-François-Luc Le Peinteur de Normeny.
Louis-Jean-Marie Le Pourceau de Tréméac.
Jean-Baptiste-Louis, le chevalier Le Pourceau de Mondoret.
René-Joseph Le Prêtre de Chateaugiron.
Le Provost de la Touche.
Louis-Marie-Philippe Le Provost, chevalier de la Voltais.
Joseph-François-Marie Le Provost de la Voltais.
Mathurin-Jean Le Provost, chevalier de la Voltais.
Jean-François-Marie Le Rouge de Guerdavid.
Jean-Baptiste Le Roux de Coëttando.
Jean-Baptiste Le Roux de Coëttando.
Pierre-Jean Le Roux de Kerninon.
Charles Le Saige de la Villesbrune.
Pierre-René Le Saige de la Villesbrune.
Marie-Jean-Prudent Le Sénéchal.
Claude-Augustin-Marie Le Valois de Séréac.
François-Toussaint Le Vayer de Quédillac.
Gilbert-Pierre Levayer de la Morandaye.
Jean-François Le Veneur.
Célestin-Jacques-François Leveneur.
Jean-Marie Le Veneur du Sieurne.
Marie-René Le Veneur de la Villéchapron.
François-Pierre-Marie Le Veyer.
Etienne-Jean-René-Louis Le Veyer de Valroy.
Philbert-Jean-Baptiste Le Veyer de Belair.
Charles-Louis-Auguste Le Vicomte.
Joseph Le Vicomte.
Charles-Jean-François Le Vicomte.
Pierre-Bruno-Jean de la Monneraye·
Marie-François Le Voyer de la Salle.
Toussaint-René-Bertrand Le Voyer de la Vallée.
Louis-Jean-Baptiste Macé de Vaudoré.
Charles-Augustin-Hugues Macé, chevalier de Vaudoré.
Nicolas Magon de la Villehuchet.
Dominique-Julien Magon de Saint-Elier.
François-Sébastien-Ignace Mahé de Kérouan l'aîné.
Jacques-Charles Marballa.
René-Constant-Ange de Marnière.
René-Yves de Marnière de Guer.
Julien-Hyacinthe de Marnière, chevalier de Guer.
René Martel.
Armand-Fidel Martin de Montaudry.
René-Louis Martin de Montaudry.

Alexandre Martin de la Bigotière.
Joseph-Marie Martin, chevalier de la Bigotière.
Paul-François de Mascarenne de Rivière.
François Mauvy de Carcé.
Ambroise-Marie de May de Kerjenetat.
Auguste-Bonable de Méhérenc de Saint-Pierre.
Auguste-Henri de Méhérenc de Saint-Pierre.
Esprit-René de Mellet de la Tremblaye.
Jacques de Mellon.
Jacques-René de Mellon.
Marie-Bonaventure Menardeau de Maubreil.
Gabriel de Mesange.
Vincent-Marie de Meur de Lescarzou.
René-Charles Michiel de Carmoy.
Jean-Baptiste-Marie-Mathurin Moaisan de la Villiroyt.
Charles de Moëlien.
Guy-René-Marie-Bruno de Moëlien.
Guy-Marie-Joseph-René de Moëlien.
Jacques-Claude Mol de Guernelles.
Jean-Baptiste-Marie-Amaury-Gédéon de Montbourcher.
Jean-Olivier de Monti.
Louis-Claude-René de Monti.
Joseph-Gabriel-Marie de Monti de Lormière.
Joseph-Anne de Monti de Rezé.
Claude de Monty.
Alexis de Monty.
Thomas-Louis-Marie-Géneviève de Morant.
François-Gabriel-César de Musuillac.
Pierre-François Nicol de la Belleissue.
Charles-André Normant de la Villeheleuc.
Louis-Clet-Marcelin Normant, chevalier de Salle de la Villeheleuc.
François-Charles Nouel de Crecholin.
René Nouel de Kertanouarn.
Yves-Joseph-Marie Nouel de Kergrée.
François-Guy de Nourquer du Camper.
Jacques-Roland Onffroy.
Bernardin-Marie Pantin, chevalier de la Guerre.
Ambroise-Toussaint-Marie de Parcevaux.
Claude-René Paris de Soulange.
Louis-Hyacinthe Péan de Ponfilly.
François-Marie-Mathurin de Penhoadic de Montjoye.
Louis-François de Penmarch.
Jonathas-Marie-Hyacinthe de Penfentenio de Cheffontaine.
Alexandre-Marie-Fortuné de Penfentenio, chevalier de Cheffontaine.
Jean-Amand du Perenno.
Paul-Romain-Guy du Perenno de Penvern.
Alexandre-Emmanuel Perrin de la Courbejollière.
Jean-Baptiste, chevalier de Picot.
Olivier-Marie Pinart du Foënnec.
Pierre-Marie-Joseph Pinczon du Sel des Monts.

Vincent-Paul Pinezon, chevalier du Sel.
Charles-Marie-Gabriel Pinel du Chesnay.
Alexandre-Auguste Pioger.
Henri-Amand Pioger.
Benjamin-Gabriel Pioger.
Louis-François-Augustin Pioger.
Jean-Joseph Pioger de Chantradeu.
Laurent-Judes du Plessis de Grénedan.
Louis-François du Plessis de Grénedan.
Louis-François-Pierre du Plessis de la Haye-Gilles.
Claude-François-Toussaint de Ploësquellec.
René du Pontavice.
André-René-Jacques, chevalier du Pontavice.
Gabriel-Jean du Pontavice de la Chaudronnerais.
Julien du Pontavice des Landes.
François-Louis-Bertrand Pontdaubevoye de la Roussière fils.
François-Louis Pontdaubevoye de la Roussière père.
Nicolas de Pontual l'oncle.
Jean-Yves-Marie-René de Pontual de Jouvante.
Jean-François de Porcaro.
Joseph-Marie-Scholastique, chevalier de Porcaro.
Pierre-François Poullain.
Charles-Pierre-Marie Poullain du Chesnay.
Louis-Charles Poullain, chevalier de Mauny.
Jean-Pierre Poullain de Tramain.
Pierre-Michel-Gabriel Poullain des Dodières.
Come-Antoine de Poulmic de Grandisle
Claude-Marie-Nicolas du Poulpiquet de Brescanvel.
Jean-Guillaume du Poulpiquet Kerisnel.
Mathurin-César du Poulpiquet de Coatlez.
Joseph-Gabriel du Poulpiquet de Coatlez.
Louis-Constance du Poulpiquet du Halgouet.
Charles de Pracomtal.
Louis-François-Marie Prevost de la Touraudais.
François-Jean Prevost de la Touraudais.
François-Sébastien de Princey, chevalier de Montault.
Alexis-Félix-Anne Prioul.
René-François Prioul de Landeguerin.
Henri-François de Quelen.
François-Louis de Quelen Kerohant.
Urbain-Guillaume de Quelen de Kerohan.
Julien-Mathurin de Quelen de la Villetual.
Rolland-Jules de Quelen du Plessix.
René-Vincent de Quelo.
Marcel de Quelo.
Louis-Armand-Henri de Quelo.
Jacques-Yves-Joseph-Marie Quemper de Lanascol.
Anne-Louis de Quengo de Crenolle.
Louis-Henri de Quengo.
Anonyme de Queryvon.

François-Joseph-Guy Quisistre de Bavalan.
François Rahier, chevalier de Biardel.
Joseph-Paul-Marie Raison du Cleuziou.
Jacques-Gabriel Raison de Kerbic.
Louis-René de Ranconnet de Noyan.
Jean-Baptiste-Joseph-Eugène de Ravenel de Boisteilleul.
Guy-Marie-Carles de Robecq.
François de Robelot.
Julien Louis de Robien.
Pierre-Louis-Achille de Robien.
Louis-René-Cyr de Robien.
Paul-Charles²Marie de Robien.
Pelage-Jacques Robinault.
Mathurin-Jean-Baptiste—Pelage Robinault.
Maurice-Mathurin Robinault de la Lande.
Vincent-Jean-Yves Robiou de Troguendy.
Toussaint-Joseph de Rochecazre, chevalier de Botcol.
Amaury-Joseph-Pierre du Rocher de Beauregard.
Henri du Rocher de Saint-Riveul.
Hyacinthe-Félix-Augustin-Magdelon Rogon, chevalier de Carcaradec.
Louis-Joseph Rolland.
Marie-Alexandre-Malo Rolland du Noday.
François-Marie Rolland de Rengervé.
Pierre-Marie Rolland, chevalier de Rengervé.
—Louis-Casimir Rolland du Roscoat.
Vincent-Adrien-Maurice de Roquefeuil.
Jacques-Emard de Roquefeuil.
Augustin-Charles de Rorthays de la Pouplinière.
Guillaume-François de Rosily.
Jacques Rousseau, chevalier de Saint-Aignan.
Anonyme de Rosnyvinen.
Jean-Aristide de Rosnyvinen.
Guillaume de Rosnyvinen-Piré.
Pierre-Marie Rosnyvinen de Piré.
Jean-Hervé, le chevalier de Rospiec.
Henri-Pierre-René, chevalier de Ruays.
Louis-Charles de Ruellan du Tiercent.
René-Pierre de Russy.
Pierre-Charles, chevalier de Russy.
François-Marie de Saint-Aubin.
Denis-Charles de Saint-Genys.
Jean-Baptiste-Polycarpe-François-de-Paule-Angélique-René de Saint-Gilles.
Marie Joseph de Saint-Gilles-Peronnay.
Pierre-Guy-Marie de Saint-Jean.
Alix de Saint-Jean.
Pierre de Saint Jean.
Julien de Saint-Jean.
René-Julien-Pierre de Saint-Malon.
Jean-Etienne-Marie de Saint-Malon.

Jean-Baptiste-Thimothée de Saint-Malon.
Marie-Joseph-Constant-Faustin de Saint-Meloir.
Jean-Joseph-François de Saint-Pair.
Paul-Henri de Saint-Pern.
Judes-Gilles de Saint-Pern.
Joseph-Anastase de Saint-Pern.
Jean-Louis-Marie-Bertrand de Saint-Pern.
Jean-François-Bertrand de Saint-Pern la Tour.
Louis-Bonaventure de Saint-Pern de Ligouyer.
Charles-Robert Saisi de Kerampuil.
Charles-Marie-François Saisi de Kerampuil.
Pierre-Marie Saisi, chevalier de Kerampuil.
Amand-Fiacre Saliou de Chefdubois.
Jean-René des Salles du Coudray.
Joseph de Santo-Domingo.
Guy-Claude Sarsfield.
Joseph-René de Savinhac.
Bonaventure-René de Sceaulx.
Bonaventure-Grégoire, le chevalier de Sceaulx.
Charles de Sceaulx de Vilbermont.
René-Paul-Marie Scot.
Félicité de Sécillon.
Emmanuel, chevalier de Sécillon.
René-Marie de Sécillon de Beaulieu.
Claude-François-Jean-Baptiste-Donatien de Sesmaisons.
Joseph de Serent.
Claude-François Simon de Souché.
Jean-Augustin-Joseph Siochan de Kersabiec.
Louis-Charles-René de Sol de Grisolles.
Jean-Marie de Soussay de la Guichardière.
Paul-Ange-Hippolyte Suasse de Kervégan.
Pierre-Marie Taillart.
Louis-Céleste-Frédéric de Talhouet.
Marie-Victor de Talhouet de Boisorhand.
Jean-Baptiste-Louis-Boniface, chevalier de Talhouet Boisorhand.
René-Claude-Jérôme de Talhouet Grationnaye.
Charles-Jean-François de Tanouarn.
Pierre-François-Michel de Tharon.
Charles-Corneille-Placide Thierry de la Prévalaye.
Hyacinthe-Joseph-Jacques de Tinteniac.
François-Hyacinthe de Tinteniac.
Vincent-Louis, chevalier de Tinteniac.
René-Guy-Julien Tranchant des Tulays.
Gilles-François-Joseph de Trecesson.
Louis-Joseph, le chevalier de Tredern.
François-Marie de Tregouet.
Guill.-Mar. Tremeureuc de la Villerio.
Olivier-François Tremeureuc de la Villerio.
Jean-Marie de Treourret de Kerstrat.
Joseph-Louis-H., le chevalier de Treourret Kerstrat.

Christophe-Louis du Tressay.
Louis-Anne du Tressay de la Sicaudais.
René-Louis de Trévelec du Lesté.
Vincent-Louis-Pascal du Trévou.
Joseph-Jean-Baptiste, chevalier du Trévou.
Jean-Claude de Triac.
François-Michel de Trogoff.
Louis-Anne-Yves Trogoff de Kerelleau.
Gabriel-René de Trogoff de Penlan.
Pierre-Joseph-Marie de Trolong du Rumain.
Toussaint-Dominique, chevalier de Troussier.
Marie-Charles-Joseph Tuffin-Dubreil.
Armand, chevalier Tuffin de la Rouerie.
Jacques-Ange-Charles Tuffin de Sesmaisons.
Vincent-René de Tuomelin.
Pierre-Baptiste Uguet de Laumosne.
Jean-Claude-Pierre Uguet, chevalier de Laumosne.
Marie-Jean-Sévère Urvoy de Closmadeuc.
Alexandre Urvoy de Kerstainguy.
Alexandre-Jean-Claude-Marie Urvoy, chevalier de Portzanparc.
Charles-Philippe de Valleton.
Louis-Alexandre de Valleton du Désert.
Léon de Valleton de la Barossière.
Joseph-Sophie-Boceslas de Vaucouleurs de Lanjamet.
Louis-François-Georges de Vaucouleurs, chevalier de Lanjamet.
Pierre de Vauferier.
Louis de Vay.
Jean-Baptiste-Pierre-Marie de Vay, chevalier de la Perverie.
Charles-François-Hyacinthe-Claude Visdelou de Bedée.
François-Marie Visdelou de Bonamour.
François-César Visdelou du Liscoët.
François-Louis-Xavier Visdelou de la Villetéhart.
Alexandre-René-Ferdinand, chevalier de Visdelou.
Jean-Marie du Vergier.
Jacques-Marie-Olivier du Vergier.
René-Louis du Vergier de Kerhorlay.
René-Philippe Yvicquel de Lescly.

*Adhésion de MM. les jeunes gentilshommes au-dessous de l'âge
de vingt-cinq ans.*

Edouard du Bahuno du Liscoët.
Sigismond du Bahuno du Liscoët.
Paul-François du Bahuno, chevalier de Kerolain.
Jean-Louis de Baillehache.
Alexis Bédée du Moulin-Tison.
Jean-Marie-Louis de Belingant.
Ange-Hyacinthe-Joseph du Boisbaudry.

Antoine-François, chevalier du Boisbaudry.

Charles du Boisberthelot fils.

Hyacinthe-Antoine-Jean-Baptiste-Victor du Botderu.

Casimir de Botherel.

Pierre-Félicité, chevalier de Botherel.

Pierre-Marie-Michel de Bruc du Cleray.

Pierre-Louis du Cambout de Coislin.

Jean-Etienne Cillart.

Joseph-Marie-Fidèle Cillart, chevalier de Kergris.

Louis-Philippe-Joseph Charette de la Gacherie.

Louis-Marie-Joseph-Fortuné du Coëtlosquet.

François-Jean-Marie-Magloire du Coëtlosquet.

De Cornullier.

Toussaint de Cornullier.

Jean-Baptiste-Théodore-Benjamin Cornullier de Lucinière fils.

Joseph-Sébastien de Couaisnon de la Lanseulle.

Joseph-Marie-Amand Damphernet.

Bonaventure-Augustin-Marie Damphernet.

Joseph-Marie-Jean de Derval.

Antoine-Louis-Marie Deshayeux de Kerannesvel.

Louis-René-Marie Duplessis.

Anonyme Fournier, de Saint-Maur.

Marie-René-Gervais-François-Joseph Gouvello de Kéryaval.

Louis-Marie-Victor Gouyon de Coipel.

François-Louis-Charles de Gouzillon-Kermeno.

Guy-Firmin Grignard de Champsavoy.

Louis-Pierre Guehenneuc.

Toussaint-Prudent-Fidel-Amant Guehenneuc, chevalier de Boishue.

Marie-Jean-Baptiste-Constant-Gabriel Guehenneuc, chevalier de Boishue.

Ange-Jean-Joseph de Guernisac.

Jacques-Aimé-Armand Guerrif de Launay.

Charles-Marie-André du Haffont de Lestrediagat.

Charles-Marie-André du Haffont de Lestrediagat.

Casimir-Pierre-Jean-René Harscouet.

Louis-Achille Hay de Bonteville.

Victor-Hippolyte Hay de Bonteville.

Jean-Baptiste-Florian Jolly de Pontcadeuc.

Jean-François-Louis-Marie de Kéroulas.

Charles de la Belinaye.

Jean-Marie de la Belinaye.

Marc-Antoine-Marie-Hyacinthe de la Boëssière.

Charles de la Bourdonnaye.

Charles-Marie-Etienne de la Bourdonnaye de Montluc.

François-Jean-Alexis-Nicolas de la Celle de Chateaubourg.

Joseph-Marie de la Chevière.

Paul-Emile de la Fruglaye.

Louis-Joseph-Benigne de la Haye Saint-Hilaire.

Jean-Paul-Félix de la Haye de Vieille-Ville.

Jean-Baptiste de la Houssaye fils.

Robert-Guillaume de Lambilly.
Louis-Eugène-Bon de Langan.
Hilarion-Louis-Guillaume de la Noue.
Jean-Marie-Henri Salomon de la Tullaye.
Étienne-Julien-Thomas Le Frotter de Kerillis.
Honorat-Julien Le Frotter de Kerillis.
Ange-Louis-Aimé Le Gentil de Rosmorduc.
François-Charles-Marie Le Gualès.
Charles-Marie Le Gualès de Lauzéon.
Joseph-Marie Le Mintier.
Pierre Le Mintier.
Hippolyte Le Prêtre de Chateaugiron.
Jean-Louis Le Vicomte.
Joseph-Charles Le Vicomte.
Philippe-Hervé, chevalier de Lyrot.
Armand-Constant de Marniere de Guer.
Charles Martel.
Le chevalier de Martel.
Auguste Martin de la Bigottière.
Victor Martin de la Bigottière.
Jacques-Julien de Mellon.
Guy Onffroy.
— Jonathas-Marie-Hyacinthe Penfentenuio de Cheffontaine.
Joseph-Gille-Jehannot de Penquer.
Jean-François-Paul de Perenno de Penvern.
Joseph-Charles-Auguste de Perrien.
Antoine-Louis Picquet de Melesse.
Amand-Aimé, chevalier de Pioger.
Pierre-Marie-Joseph Pioger.
François-Fortuné du Plessis.
César-Auguste Poullain de Mauny.
César-Auguste-Marie de Quélen du Plessix.
Olivier-Marie de Quélen du Plessix.
Guy, chevalier de Ralet.
André-Brevalaire-Claude-Anne de Reymond.
Auguste-Jean-Marie Robinault du Boisbasset.
André-François-Jean du Rocher de Saint-Riveul.
René-Louis Rolland du Rocher.
Louis-Marie Rousseau de Saint-Aignan.
Bertrand-Marie-Hyacinthe de Saint-Pern.
Louis-François de Tanouarn.
—Marie-Eugène-Gervais Tuffin de la Rouërie.
Victor-Désiré-Jean Urvoy, chevalier de Closmadeuc.
Jean-Julien-Alexandre de Vaucouleurs de Lanjamet.
Alexis-Jean-Ange Viart de Jussé.
Jean-François Viart, chevalier de Mouillemuse.
Louis-Auguste Visdelou de Bedée.
Isidore-Agathon Visdelou de la Villetéhart.

(*Bibl. imp.* Le 23-37, in-4º)

LISTE DES DÉPUTÉS DE BRETAGNE

ÉVÊCHÉ DE DOL.

Simon, recteur de la Boussacq.
Garnier, recteur de Notre-Dame de Dol.

ÉVÊCHÉ DE NANTES.

Moyon, recteur de Saint-André des Eaux.
Chevalier, recteur de Saint-Lumine de Coutais.
Maisonneuve, recteur de Saint-Étienne de Montluc.

ÉVÊCHÉ DE QUIMPER.

Guino, recteur d'Elliant.
De Leissegues de Rosaven, recteur de Plogonnec.
Loedon de Keromen, recteur de Gourin.

ÉVÊCHÉ DE RENNES.

Guillou, recteur de Martigné-Ferchaud.
Vaneau, recteur d'Orgères.
Hunault, recteur-doyen de Billé.

ÉVÊCHÉ DE SAINT-BRIEUC.

Ruello, curé de Loudéac.
Hingant, curé d'Andel.

ÉVÊCHÉ DE SAINT-MALO.

Ratier, recteur de Broons.
Allain, recteur de Josselin.

ÉVÊCHÉ DE SAINT-POL DE LÉON.

Expilly, recteur de Saint-Martin de Morlaix.
Dom Verguet, prieur de l'abbaye royale du Relecq.

ÉVÊCHÉ DE TRÉGUIER.

Lucas, recteur du Minihy-Ploulan-Tréguier.
Delaunay, prieur-recteur de Plouagat-Chatelaudren.

ÉVÊCHÉ DE VANNES.

Gabriel, recteur de Questembert.
Guégan, recteur de Pontivy.
Loaisel, recteur de Redon.

SÉNÉCHAUSSÉE DE BREST (1).

Legendre, avocat.
Moyot, négociant.

SÉNÉCHAUSSÉE DE QUIMPERLÉ, ETC.

Le Golias, avocat à Chateaulin.
Billette, négociant.

SÉNÉCHAUSSÉE DE DINAN.

Coupard, avocat.
Gagon du Chenay, avocat, ancien maire de Dinan.

SÉNÉCHAUSSÉE DE FOUGÈRES.

Fournier de la Pommerais, procureur du Roi.
Lemoine de la Giraudais, avocat en parlement.

SÉNÉCHAUSSÉE D'HENNEBON.

De la Ville le Roulx, négociant à Lorient.
Coroller Dumoustoir, procureur du Roi.
Corentin Le Floch, laboureur à Quanquizerne.

SÉNÉCHAUSSÉE DE LESNEVEN.

Le Guen de Kerangal, de Landivisiau, propriétaire.
Prudhomme de Keraugon, lieutenant des canonniers gardes-côtes, et
commissaire des États de Bretagne.

---

(1) On sait que la noblesse de Bretagne refusa d'envoyer des députés aux États généraux. Le clergé et le tiers état seuls nommèrent leurs représentants.

SÉNÉCHAUSSÉES DE MORLAIX ET LANNION.

Couppé, sénéchal de Lannion.
Baudouin de Maisonblanche, avocat.
Le Lai de Grantugen.
Mazurié de Penannech.

SÉNÉCHAUSSÉES DE NANTES ET GUÉRANDE.

Guinebaud de Saint-Mesme, négociant. à Nantes.
Giraud du Plessix, avocat du Roi, à Nantes.
Baco de la Chapelle, procureur du Roi, à Nantes.
Pellerin, avocat.
Chaillon, avocat.
Jarry, agriculteur.
Cottin.
Blin, médecin.

SÉNÉCHAUSSÉE DE PLOERMEL.

Tuault, sénéchal.
Boullé, avocat à Pontivy.
Robin de Moréry, négociant agriculteur.
Perret de Trégadoret, avocat.

SÉNÉCHAUSSÉES DE QUIMPER ET CONCARNEAU.

Le Goazre de Kervelegan, sénéchal du présidial.
Le Déan, commissaire des États.
Le Guillou de Kerincuff, avocat.

SÉNÉCHAUSSÉE DE RENNES.

Glezen, avocat.
Lanjuinais, avocat et professeur en droit canon.
Huard, négociant, armateur de Saint-Malo.
Hardy de la Largère maire de Vitré.
Gérard, laboureur.
Le Chapelier, avocat.
Fermon des Chapellières, procureur au parlement, commissaire des
    États de Bretagne.

SÉNÉCHAUSSÉES DE SAINT-BRIEUC ET JUGON.

Palasne de Champeaux, sénéchal de Saint-Brieuc.
Deneuville, sénéchal de Jugon.
Poulain de Corbion, maire de Saint-Brieuc.

SÉNÉCHAUSSÉES DE VANNES, AURAY ET RHYS.

Lucas de Bourgerel, avocat à Vannes.
Dusers, conseiller au présidial de Vannes.

GOUVERNEMENT MILITAIRE

Le duc de Penthièvre, grand-amiral, gouverneur général.
Le comte de Thiard, commandant en chef.
Le comte de Langeron, commandant en second.
Le comte de Praslin, lieutenant général.

Lieutenants de Roi.

Le comte de Langeron.
Le comte de Colbert.
Le marquis de Montbourcher.

Lieutenants des maréchaux de France.

De la Belinaye, à Saint-Malo.
Nouail de Villegille, à Saint-Malo.
De Kerguenech, à Guingamp.
De Bégasson du Rox, à Quimperlé.
Du Vergier, à Quimperlé.
De Noyan, à Dol.
Hay, à Dol.
Le marquis du Halgoët, à Nantes.
Le marquis d'Orvault, à Nantes.
Le marquis de Monti, à Nantes.
Le chevalier de Massy, à Guérande.
De Monti, à Guérande.
Galvey, à Guérande.
Le chevalier de Walsh, chevalier de Saint-Louis, à Rennes.
De Pinczon, à Rennes.
Freslon de la Freslonnière, chevalier de Saint-Louis, à Ploërmel.
Le comte de Gouyon, à Vitré.
Le comte de Mauny, dans la principauté de Lamballe.

Péan de Pontphely, à Lamballe.
Le marquis de Melinville, à Hennebon.
De Lée, à Hennebon.
Le comte de Boisjouant, dans le duché-pairie de Retz.
De la Roussière, dans le duché-pairie de Retz.
Le chevalier de Hay, à Saint-Brieuc.
Le comte du Roscoat, chevalier de Saint-Louis, à Saint-Brieuc.
Le comte de Saint-Gilles, à Dinan.
Le baron de Tascher de la Pagerie, à Brest.
Audren de Kerdrel, à Lesneven.
Le comte de la Noue-Bogar, à Montcontour.
De Forsanz, à Hedde.
De Pontavice de Heussey, à Fougères.
Kalbean de Cardelan à Auray.
Le comte de Trogoff, à Lannion.
Le Mintier, à Josselin.
Le comte Le Sénéchal, à Vannes.
D'Aligny, à Saint-Pol de Léon.
Pepin de Belisle, à Ancenis.
De Valleton, à Ingrande.
De la Marche, à Quimper.

GOUVERNEMENTS PARTICULIERS.

Rennes. . . . . Le marquis de Vassé, gouverneur.
Brest. . . . . Le comte de Thiard, gouverneur.
　　　　　　　　　　　　Le comte de Moynier de Saint-Blancard, lieute-
　　　　　　　　　　　　　　nant de Roi.
　　　　　　　　　　　　Le chevalier de Lusignan, major.
Nantes. . . . . Le marquis de Brancas, gouverneur.
　　　　　　　　　　　　Le comte de Menou, lieutenant de Roi.
　　　　　　　　　　　　De Goyon, major.
Vannes . . . . Le marquis de Noailles, gouverneur.
Saint-Malo . . . . Le marquis de Roncherolles, gouverneur.
　　　　　　　　　　　　Le chevalier Desdorides, lieutenant de Roi.
Belle-Isle. . . . . Le marquis de Montmorin, gouverneur.
　　　　　　　　　　　　Le comte de Béhague, commandant.
　　　　　　　　　　　　De Briance. lieutenant de Roi.
　　　　　　　　　　　　De Taille, major
　　　　　　　　　　　　Lamy, aide major.
Lorient . . . . Le comte de Balincourt, gouverneur.
　　　　　　　　　　　　De Minard, lieutenant de Roi.
　　　　　　　　　　　　De Floid, major.
　　　　　　　　　　　　De Frémicourt, major.
Château du Taureau. Le comte de Tavanne, gouverneur.
Morlaix . . . . Le baron de Bruyères-Saint-Michel, gouver-
　　　　　　　　　　　　neur.

PARLEMENT DE BRETAGNE.

Présidents.

1777. Du Merdy de Catuélan, premier.
1756. De Farcy de Cuillé.
1775. Le Vicomte de la Houssaye.
De Marnière de Guer.
1776. De Talhouet de Boisorhan.
1779. Du Merdy de Catuélan fils.
1784. De Guerry fils.
Hue de Montaigu.
De Robien, honoraire.

Conseillers.

Le Gall de Menoray.
Charette de la Gacherie.
Grimaudet de la Marche.
Picquet de Montreuil.
De Guerry.
De Talhouet de Bonamour.
Euzenou de Kersalaun.
De la Forest de Saint-Amadour.
Du Boisbaudry.
De Farcy de Mué.
De Lantivy.
Jouneaux du Breilhoussoux.
De Moelien.
Trouillet de la Bertière.
De la Bourdonnaye de Claye.
Du Pont des Loges.
Menard de Toucheprais.
Charette de la Colinière.
De Cornullier de Lucinière.
Bonin de la Villebouquais.
Morel de la Motte.
De Vay de la Fleuriais.
Jacquelot du Boisrouvray.
Euzenou de Kersalaun.
De Farcy de Pontfarcy.
Martin de Boistaillé.
Rouxeau des Fontenelles.
De Farcy de Saint-Laurent.

De Kerguz de Troffagan.
Ferron du Quengo.
Le Gouvello de la Porte.
De Boispéan.
De Chateaubriand de Combourg.
De Bouetiez.
De la Bintinaye.
Du Couédic.
De Lesguern de Kervéatoux.
De la Noue de Bogard.
De Charbonneau.
Lyrot de Montigué.
Espivent de la Villeboisnet.
Du Merdy de Catuélan.
De Coataudon.
Du Bois de la Ferronière.
Hingant de la Tremblais.
De Saint-Meleuc.
De Poulpiquet du Halgouet.
Gouyon des Hurlières.
Blanchard de la Musse.
Du Pont des Loges.
D'Armaillé (La Forest).
Malfilastre.
De Champsavoy (Grignard).
De Saint-Pern de la Tour.
Goyon de Thaumatz.
De Freslon de Saint-Aubin.

Le Nepvou.
Fournier de Trelo.
De Rosnyvinen.
Hullin de la Fresnais.
De Combles.
De Caradeuc de la Chalotais.
Du Matz.
De Ruays.
Du Verdier de Genouillac.
De la Touche Limousinière
De Talhouet de Brignac.
De Ravenel de Boisteilleul.
Le Gonidec de Traissan.

Farcy de Beauvais (1).
Caderan de Saint-Mars.
Du Bouexic.
De Trémeureuc.
De Bédée de la Bouëtardais.
Du Fresne de Rénac.
De Polastre.
Le Gac de Lansalut.
Du Plessis Grénedan.
De Talhouet.
D'Andigné.
Botherel du Plessis.

Conseillers honoraires.

Roux de Saint-Marc.
De Talhouet de Brignac.
De Talhouet de Sévérac.
Augier de Loheac.

Ferron du Quengo.
Le Loup de la Billiais.
Ferron du Chesne.

Gens du Roi.

Du Bourblanc de Kermanach, avocat général.
Loz de Beaucours, avocat général.
De Caradeuc, procureur général.
Duparc Porée, avocat général honoraire.
Brossays Duperray, substitut.
Lucas de Montrocher, substitut.
Aumont, substitut.

Greffiers en chef.

Buret.
Maisonneuve-Louvel.
Vatar de la Mabilais.

Sauveur.
Hamart de la Chapelle.
Dufresne.

CHANCELLERIE.

André Patard de la Mélinière, garde des sceaux.
Raguenel de la Noë-Ferrière, garde des sceaux.

Secrétaires du Roi.

Fouray de la Granderie.
Hervé de la Bauche.

Le Roux des Ridellières.
Fortier.

---

(1) L'état judiciaire que nous publions est emprunté à l'*Almanach de Bretagne* de
1786 (Bibl. imp. Le 29-35), et complété pour ces douze derniers noms à l'aide du *Nobiliaire de Bretagne* de M. Potier de Courcy, 2e édition, t. III.

Clanchy.
Richard.
Fortin.
Thoinnet.
Le Clerc de la Galorière.
Capelle.

Dubois du Hautbreil.
Fleury.
Lamy.
Sebire des Saudrais.
Billy.

PRÉSIDIAL DE RENNES.

De Borie, sénéchal.
Tréhu de Monthierry, lieutenant général.
Mangourit, juge criminel.
Varin de Beauval, lieutenant.
Varin du Colombier, lieutenant honoraire.

Conseillers.

Le Marchand de l'Epinay.
Nivet, honoraire.
Duval, honoraire.
Desrieux de la Villoubert.
Harembert.
Rubin de la Grimaudière.

Reslou du Guemen.
Fablet de la Motte.
Bouvier des Touches.
Fournel de la Manselière.
Denoual de la Houssaye.

Gens du Roi.

Bidard de la Noe, avocat du Roi.
Phelippes de Tronjoly, avocat du Roi.
Drouin, procureur du Roi.

Greffiers en chef.

Le Grand.
Poillevé de la Guerinaye.

Nouail.

PRÉSIDIAL DE NANTES.

Bellabre, sénéchal.
Orry de Reveillon, lieutenant général.
De Bourgoing, juge criminel.
De la Ville, lieutenant civil et criminel.

Conseillers.

Le Lasseur, doyen.   Marée.
De Guer.   Mahot de Laubinière.
Gallot de Lisleau.   Dreux.
Le Lasseur de Ranzay.   Piniau du Pavillon.
Turquetil.

Gens du Roi.

Fellonneau, avocat du Roi.
Baco de la Chapelle, procureur du Roi.
Giraud, avocat du Roi.

PRÉSIDIAL DE VANNES.

Le Groz, sénéchal.
De Larmor, alloué.
Du Ranquin, alloué, honoraire.
Poussin, lieutenant.

Conseillers.

De la Chasse, doyen.   Dusers.
Du Febvrier.   Du Liepvre.

Gens du Roi.

Le Menez de Kerdelleau, avocat du Roi.
Houet de Chenevert, procureur du Roi.
Lourvol, greffier.

PRÉSIDIAL DE QUIMPER.

De Kervelegan, sénéchal.
Guimart de Coatidreux, lieutenant général.
Thomas, juge criminel.
Bobet de Lanhuron, lieutenant civil et criminel.

Conseillers.

Le Dall de Kéon.
Audoin de Kiner.
Yvonnet du Rhun.
Reymond de Vars.

De Lécluze de Longraye.
Le Roi de Quergrois.
Frollo de Kerlivio, honoraire.
De Lécluze de Longraye, hon.

Gens du Roi.

Le Goazre de Kervelegan, avocat du Roi.
Le Dall de Kéon fils, procureur du Roi.

CHAMBRE DES COMPTES DE BRETAGNE.

Présidents.

1772. Le marquis de Becdelièvre, Sgr de la Saillerais, premier.
1758. Burot, Sgr de Carcouet.
1778. Chereil, Sgr de la Rivière.
1779. Puissant, Sgr de Saint-Servan.
1781. Lavau, Sgr de la Vincendière.
1782. Le Saulnier, Sgr de la Villehelio.
1782. Pascaud, Sgr des Marais.
      Budan, Sgr de Beauvoir.

Conseillers-maîtres.

Chaillou de l'Etang.
Chalumeau.
Mauvillain de Beausoleil.
Le Grand de Saint-James.
Vollaige de Vaugiraud.
Perrée de la Villestreux.
Pays de Bouillé
Jolivet de Treuscoat.
Thiercelin de la Planche-Miraud.
Auburon de Monthelon
Fresneau de la Templerie.
Poupard.
De la Roche de la Ribellière.
Thomas de la Guinvrays.

Boutillier de la Chaize.
Maussion du Joncheray.
Rocquet de la Brunière.
Delavau (de Lavau).
Lucas de Championnière.
Merlaud de la Clartière.
Berthelot de la Gletais.
Cady de Pradouais père.
François de la Gourtière.
Robert de la Levraudière.
Panou de Faymoreau.
De Lavau de la Rochegiffard.
Le Deist de Kerivalant.
Baudry de la Bretinière.

Cady de Pradouais fils.
Fouquer de Kersalio.
Bernard de la Peccaudière père.
Bernard de la Peccaudière fils.
Forget.

Baudry du Plessis.
Gendron.
Luette de la Pilorgerie.
Frey de Neuville.

Conseillers-correcteurs.

Falloux.
Luette de la Pilorgerie.
Gautreau du Fresne.
Forget.
Chauvière de la Pagerie.

Boguais de la Boissière.
De Guillermo.
Guillon.
Doublard du Vigneau.
Le Tard de la Bouralière.

Conseillers-auditeurs.

Báscher du Preau.
Frémont de la Bourdonnaye.
Chevaye du Plessis.
Le Tourneulx de Beaumont.
Richard de Marigné.
Béritault de la Contrie.
Hardouin d'Argentais.
Falloux de Chateaufort.
Falloux.
Pays de Bouillé.
Pannetier de Baillé.
Verdier de la Milletière père.
Verdier de la Milletière fils.
Béritault de la Bruère.
De Launay.
Laboureau de la Garenne père.
Laboureau des Bretesches fils.
Razeau de Beauvais.
Vollaige de Chavagne.
Guerry.

Blouin.
Marquis des Places.
Arnault de la Motte.
Toublanc de Belletouche.
Gaudin du Plessis.
Réal des Perrières.
Cardin des Nouhes.
Bourasseau de la Renolière.
Merlet du Paty.
Du Rocher du Rouvre.
Buhigné de Grandval.
Lelièvre de la Touche.
Pichard.
Vollaige de Rouillon.
Arnault de la Motte.
Boulonnois de Saint-Simon.
Pichard de la Callière.
Soulard de la Roche.
Puillon de Boblay.

Gens du Roi.

Mosnier, Sgr de la Rivière, avocat général.
De la Tullaye, marquis de Magnanne, Sgr du Plessis-Tison.
Le Lasseur, Sgr de Ranzay, avocat général.

Greffiers en chef.

Pichard de la Blanchère.
Cardin, Sgr des Nouhes.

Généraux des finances.

Bouchaud du Plessis.
Bretton des Chapelles.
Viart de Mouillemuse.
Boissière.
Le Blond de la Tour.

Fresneau de la Couronnerie.
Drouet.
Viart de Mouillemuse.
Sarrebourse d'Audeville.
Ballan de la Richardais.

(Etat des cours de l'Europe en 1785 ; — *Nobiliaire et Armorial de Bretagne*, par M. Potier de Courcy, 2e édit., t. III, p. 82.)

GÉNÉRALITÉ DE RENNES.

1784. Bertrand de Molleville, maître des requêtes, intendant.

Le bureau des finances avait été réuni à la chambre des Comptes.

Les grandes baronies des Etats de Bretagne étaient au nombre de neuf :

Léon, au duc de Rohan.
Vitré, au duc de la Tremoille.
Chateaubriand, au prince de Condé.
Retz, au duc de Villeroy.
La Roche-Bernard, au marquis de Boisgelin.
Ancenis, au duc de Charost.
Derval, au prince de Condé.
Malestroit, au marquis de Sérent.
Quintin, au duc de Lorges.

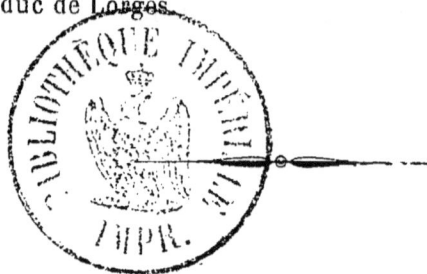

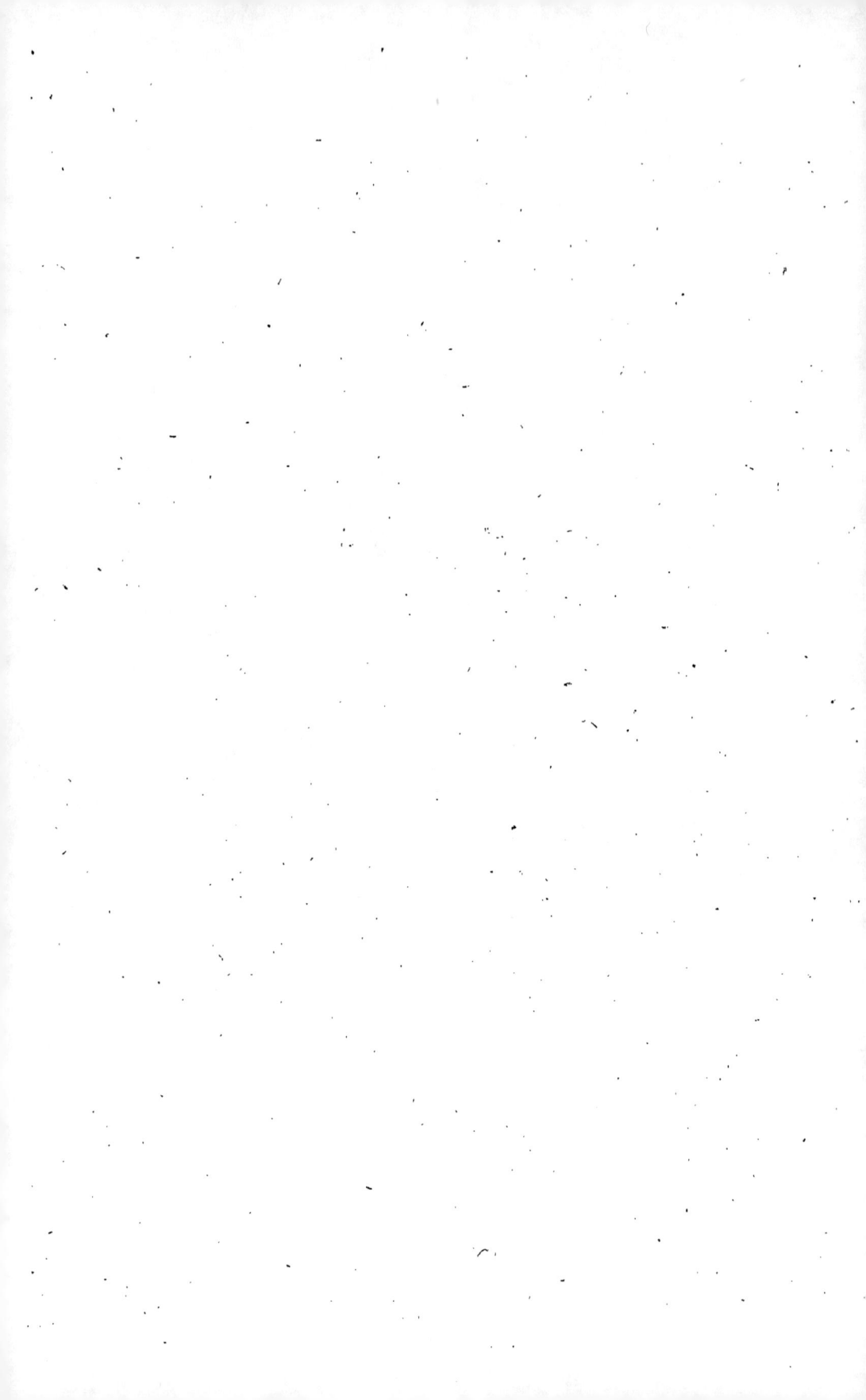

www.ingramcontent.com/pod-product-compliance
Lightning Source LLC
Chambersburg PA
CBHW070940280326
41934CB00009B/1956